高职高专公共课系列教材

应用文写作与口才训练

主　编　张剑瑞　乔彩霞　魏　芳
副主编　杨淑杰　贾海玲　刘国庆　连　娜
　　　　于　娜　韩　博
参　编　田　霖　王云霞　杨　梅　王志华
　　　　林永祥　王　静　胡　娜
主　审　杨淑珍

西安电子科技大学出版社

内 容 简 介

　　本书是高职高专公共课"十三五"规划教材，全书共十章，内容包括应用文写作概论、日常文书写作、事务文书写作、职业文书写作、公务文书写作、口才概述、基础口才训练、社交口才训练、演讲口才训练和面试口才训练等。前五章为应用文写作部分，编排了与学生学习、工作、生活息息相关的应用文写作知识，这部分侧重典型例文的评析，以拓展学生的应用文写作理论知识，使学生具备实用文章的写作能力。第六章到第十章为口才训练部分，这部分侧重实训演练内容的设计，通过设置不同的情境，加强学生朗诵、交谈、演讲、即席发言、辩论、求职面试的技能训练，提高学生的口语交际能力。

　　本书可作为高职高专院校应用文写作课程的教材，也可作为相关人员学习应用文写作与口才训练的参考用书。

图书在版编目(CIP)数据

应用文写作与口才训练 / 张剑瑞，乔彩霞，魏芳主编. —西安：西安电子科技大学出版社，2020.1(2025.8 重印)
ISBN 978-7-5606-5575-8

Ⅰ. ①应…　Ⅱ. ①张…　②乔…　③魏…　Ⅲ. ①汉语—应用文—写作—高等职业教育—教材　②口才学—高等职业教育—教材　Ⅳ. ①H152.3　②H019

中国版本图书馆 CIP 数据核字(2020)第 006373 号

策　　划　秦志峰
责任编辑　王芳子　秦志峰
出版发行　西安电子科技大学出版社(西安市太白南路 2 号)
电　　话　(029)88202421　88201467　　　　邮　编　710071
网　　址　www.xduph.com　　　　电子邮箱　xdupfxb001@163.com
经　　销　新华书店
印刷单位　陕西天意印务有限责任公司
版　　次　2020 年 1 月第 1 版　2025 年 8 月第 8 次印刷
开　　本　787 毫米×960 毫米　1/16　印张 11
字　　数　183 千字
定　　价　35.00 元
ISBN 978 - 7 - 5606 - 5575 - 8
XDUP　5877001-8
*****如有印装问题可调换*****

前　言

　　高职语文中的"应用文写作与口才训练"是面向高职学生开设的一门公共基础必修课，是学生学好专业知识，掌握职业技能，形成综合职业能力，提高整体文化修养与塑造高尚人格，促进可持续发展的重要的文化素质教育课程。

　　21 世纪是知识经济时代，对于当代大学生来说，无论是在校学习期间，还是毕业后的工作、生活中，每个人都会面临各类应用文写作及与人沟通协调的要求。为了培养高职高专学生应用文写作和口语交际能力，使其能够适应现实生活与未来职业技能的需求，编者根据教育部的有关要求，结合高职院校学生实际，借鉴国内高职大学语文教材建设的经验，以学生的职业生涯和生活体验为主线，编写了《应用文写作与口才训练》，旨在提高学生的语文通用能力和专业领域的语文应用能力。

　　作为教材，本书具有如下特点：

　　一是将实用性放在首位。本书选取了学生在学习、工作、生活中使用频率较高的应用文写作文种和口才训练，由于贴近学生的生活，因而能引起学生的学习兴趣，既便于学生理解，又便于学生模仿。本书不求全面，但求实用。

　　二是内容简洁。本书力求避免成为大而全的百科全书式教材，尽可能体现少而精的特色，舍弃了一些普通专业基本不学、不用的文种和口才训练。

　　三是可操作性强。本书突出应用文写作能力和口语交际能力的培养。除了理论知识的讲解外，重点加强实训练习。在应用文例文选择上精选典型性、规范性、模式性强的范文，以利于学生模仿写作；在口才训练部分加入大量的实训练习，让学生在实践中提升语言表达能力。

　　本书由包头轻工职业技术学院张剑瑞、乔彩霞、魏芳主编。张剑瑞负责全书体例的设计、统稿和定稿。杨淑珍任主审。杨淑杰、贾海玲、刘国庆、连娜、于娜、韩博任副主编。田霖、王云霞、杨梅、王志华、林永祥、王静、胡娜等也参与了编写与校对工作。

在编写过程中，编者参考了大量的文献资料，学习了最新的研究成果，特别是援引、借鉴了大量的已有例文和训练素材以及报刊和网站上的例文，在此对相关作者表示真诚的感谢！

由于编者水平有限，书中难免有不妥之处，敬请读者指正，使之修订时更趋完善。

编　者
2019 年 10 月

目　　录

 应用文写作概论

本章主要讲授应用文的含义、特点、类别以及写作要求和学习方法。通过本章的学习，可以掌握应用文写作的主题、结构、语言要求和学习应用文写作课程的方法。

第一节　应用文的含义与特点

一、应用文的含义

应用文是指国家机关、社会团体、企事业单位和个人在学习、工作、生活中处理公私事务时所使用的具有惯用格式的文种总称。

应用文在社会上广泛存在，如学习、工作中接触到的各类通知、报告，撰写的学习计划、年度总结，平常所说的欢迎词、答谢词等都是应用文。可以说，随着社会的发展，应用文在生活中的使用越来越广泛，与人们生活的关系也越来越密切，并呈现电子化、国际化趋势。

二、应用文的特点

应用文是一种有鲜明特点的实用文体，其使用范围很广泛。把握应用文的特点，对应用文的写作很有帮助。应用文的特点主要表现为以下三个方面。

（一）实用性与广泛性

应用文是一种实用文体，应用文的写作是为了处理学习、工作、社交等方面的实际问题。如公务文书是传达政策法令、处理公务的依据；简历、求职信是为了应聘就业的需要；条据、合同是双方约定的凭证；启事、新闻稿是传播信息的方式。可见，应用文的实用性是非常强的，这也是应用文区别于记叙文

等诸多文学文体的显著特征。

随着时代的发展，应用文与人们的关系越来越密切，在人们日常生活中的使用频率也越来越高，甚至可以说应用文的使用范围已囊括人类社会的一切组织、个人，涵盖工作、学习、社交、生活等众多领域。

（二）真实性与简明性

应用文写作对真实性要求很高，甚至可以说真实性是应用文的生命。应用文写作时，其内容必须是真实的，所反映的人和事必须真实，工作中的经验教训等都须一分为二地真实反映，不能报喜不报忧。

应用文写作要求简单明了而不是流水账式记录，这是由应用文的实用性决定的。文章越简明，内容就越容易被把握，需办的内容也就不容易被漏掉，办事效率自然也高。例如，古代有个秀才替人写卖牛契约，结果写了三张纸还没出现卖牛的内容，这样就无办事效率可言了。

（三）针对性与规范性

应用文写作是为了解决学习、工作、生活中的一些具体事务，因此，它具有鲜明的针对性。应用文写作随着事务的开始而开始，随着事务的解决而完成，因此，应用文写作又有实效性要求。

应用文写作有一定的规范体式限制。按规范体式去写应用文，容易为人们接受；随便"创造"与"标新立异"，难以被人们认可。这是因为这些规范体式不仅是限制性要求，同时也是前人对该文种写作的一些经验总结。因此，我们需对应用文写作的规范性有理性的认识。

第二节　应用文的种类

应用文可以根据不同标准进行分类。根据工作性质和内容的要求，将应用文分为公务文书、事务文书、日常文书、经济文书、礼仪文书、职业文书、法律文书、传播文书、科技文书九类。

一、公务文书

公务文书是指党政机关、社会团体、企事业单位在管理过程中形成的具有法定效力和规范体式的文书,是依法行政和进行公务活动的重要工具。据中共中央办公厅、国务院办公厅 2012 年 4 月 16 日联合印发的《党政机关公文处理工作条例》规定,公务文书有决议、决定、命令、公报、公告、通告、意见、通知、通报、报告、请示、批复、议案、函、纪要十五种。

二、事务文书

事务文书是指党政机关、社会团体、企事业单位在处理日常事务时所使用的文书。常用的事务文书有计划、总结、调查报告、会议记录、述职报告、领导讲话稿等。

三、日常文书

日常文书内涵十分丰富,一般是指人们在日常工作、学习、生活中使用的应用文书。它主要包括便条契据类文书(如留言条、请假条、借条)、专用书信类文书(如申请书)和海报启事类文书(如启事、海报、演讲词)等。

四、经济文书

经济文书是指在经济活动中形成和发展的具有特定格式的应用文书。它包含的内容很多,如市场调查报告、市场预测报告、经济合同、意向书、招标书、投标书、商品说明书等。

五、礼仪文书

礼仪文书是指党政机关、社会团体、企事业单位以及个人在各种礼节场合中使用的应用文书。它包括请柬、欢迎词、祝贺词、贺信、贺电、题词、欢送词、悼词、祭文、讣告等。

六、职业文书

职业文书是指个人或单位在职场中用以传递、沟通、交流职场情况和求职应聘而使用的应用文书。它主要包括职业规划书、求职信、个人简历、述职报告等。

七、法律文书

法律文书是指我国公安机关、人民检察院、人民法院、监狱及公证机构、仲裁机关、案件当事人、律师、律师事务所针对诉讼案件和非诉讼案件而依法制作、使用的具有法律效力或法律意义的应用文书。它包括起诉状、上诉状、答辩状、申诉状、行政复议申请书、仲裁文书等。

八、传播文书

传播文书是指为达到某种目的而将特定信息传播给大众的应用文书。常用的传播文书有消息、通讯、专访、特写、新闻评论、报纸广告、电视广告、网络广告、海报等。

九、科技文书

科技文书是指人们在从事自然科学和人文社会科学的研究、产品开发、学术交流等活动中为总结交流科研成果、传播科技信息所使用的应用文书。常用的科技文书有实验报告、毕业论文、毕业设计、学术论文、专利申请书等。

第三节　应用文写作的一般要求和学习方法

一、应用文写作的一般要求

（一）主题要求

主题又称主旨，是作者通过具体材料要表现的行文意图。它是一篇应用文的关键所在。应用文写作主题的来源一般有三种渠道：一是从具体材料中提炼归纳，如总结、市场调查报告等；二是从对领导意图、要求的领悟与把握中得来，如公文写作；三是根据行文目的确立主题，如计划、通知等。

应用文的主题要求与文学作品的主题要求不同。应用文写作时，要求主题先行、单一、显露。即写作之前先确定一个主题，而且主题还需显露出来，不像文学作品，主题很隐晦，甚至有多重主题。

另外，应用文的主题还要求正确、集中、深刻。即应用文的主题必须正确，必须符合国家的法律、法规，符合党和国家的路线、方针、政策，能反映客观事物的本质规律；要集中、深刻反映本质核心的内容，不能将无关紧要的事、领导的每一句话都搬到文中。

（二）结构要求

应用文的结构是指对应用文内容的组织安排，包括总体构思、框架、层次、段落、过渡、照应、主次、详略等。应用文结构安排通常需注意以下几个要求：

(1) 根据主题的需要安排结构。应用文的主题要先行确定，写作时所有内容都需围绕主题展开。主、次、详、略需根据主题来确定。

(2) 根据事物的内在联系安排结构。人类在漫长的历史发展中，逐步形成一些共识，对事物的发生、发展、演变、结局等过程呈现出的规律性有比较清晰的认识。如果违背这种认识规律去安排结构，会让人难以接受。如按时间顺序行文，就不能随意颠倒时间的顺序；按发现(提出)问题—分析问题—解决问题的结构来写，也不可随便将三者顺序调换；按事情的发生、发展、结局过程来写，也不能随意打乱其顺序。这些顺序的构成要素间有着为人们所熟知的内在联系和规律，不能随意打破。

(3) 根据不同的文体要求安排结构。不同的文体写作时有明显的差异。如公务文书写作要端庄规范，而事务文书写作则显得自由随意得多。对于具体的文种，其文体写作也有特别的要求。如总结，一般是先写总结的背景、依据、目的、原因，接着写做了什么，采用何种手段方式，有哪些主要成就、经验和不足，今后有哪些打算，最后小结一下并表明决心。

（三）语言要求

语言是应用文写作的基本工具。没有语言，再好的意图、规划、嘉奖也无从说起。应用文写作对语言的要求主要有以下几点：

(1) 用书面语表达。应用文写作要求用书面语表达，但高职院校学生常把口语写进文中，通常表现为平时口语交际时怎么说，应用文写作时也怎么写。汉语的口语与书面语不是同步的，这样写可能出现错误的语义表达。

(2) 遣词造句须准确、得体。准确，即应用文写作时所用的字、词能准确无误地将所要表达的内容表达出来，不会产生歧义，也没有虚美隐恶。得体，就是要求所用的字词、语句符合写作者的身份，符合受文对象的阅读水平，符合特定文体的要求。如写作者是下级，向上级行文时，就要与领导向下级行文的措辞、语气不同；向普通民众告知与向领导汇报的行文措辞不同；写公务文书与写广告书的行文措辞也会明显不同。

(3) 行文的语言风格须简明、平实。应用文写作时行文的风格与文学写作有比较大的差异，它不像文学写作那样追求艺术表现力和文采，而是根据内容的需要，用合乎语法规范的语句，简要地表达出来，强调的是实用。由于其行文时没有刻意采用华丽的词语，因而语言风格显得朴素、平实。

二、应用文写作的学习方法

应用文写作作为一门实用性很强的学科，在工作、生活中的使用频率越来越高，因此很有学习的必要。高职院校的学生应当在学习这门课后掌握应用文写作的基本理论和写作要求、写作技巧，为在以后工作、生活中的运用奠定基础。然而，怎样才能学好这门课呢？不妨从以下几个方面进行尝试。

(1) 课堂上认真听。听关于文书写作的基本理论，包括该文书的定义、特点、结构、写作思路等内容，尤其对写作思路重点听与领悟。老师在课堂上讲授各种应用文种类的时候，会详细地说明文书的定义、特点及对应的结构，重点在于文书的写作思路，即什么样的文书出现在什么样的情况下，固定的行文格式是什么，固定的措辞是什么，学生需要在课堂上认真听讲并做好笔记，进而学以致用。

另外，课堂需认真听的内容还有拟写练习后的老师点评。这是总结提高的环节，需要学生认真领悟，学习优点，克服不足。

(2) 课堂上认真拟写。课堂上，老师重点讲授的各类文书都会安排拟写练习环节。通过拟写，我们会发现自己在文书写作上存在的问题，不仅是行文思路、结构安排上的不足，还会发现许多语法错误。通过拟写掌握文书写作的同时，也提高了自己的语言表达能力。

(3) 课外主动实践。理论都是从实践中不断摸索出来的，因此我们在学习了这些理论之后还需将其用于指导实践。只有在平时的实践中才能领悟文书的写作技巧，从而熟能生巧。

拓展阅读

索债 13 万元只判赔 7 万元

肖某诉称，刘先生和妻子何女士从 2011 年陆续借款 13 万元，时至今日没有还借款，故起诉要求立即偿还借款。被告刘先生称借款事实存在，从 2011 年起，其确实多次向肖某借款共计 6 万元。但到 2012 年年底，肖某要求刘先生补一张总借条，并加收 1 万元利息。出于对肖某的信任，补借条时刘先生夫妇并未要回肖某手中原本的 4 张借条。为了证明这一说法，刘先生拿出了 2012 年 12 月出具的一张借条，内容为：自 2011 年 1 月起至今，从肖某处共借现金 7 万元整。

法院经审理认为，肖某虽向法院提供了 5 张借据，但从 2012 年 12 月借据内容来看，能够证明刘先生夫妇向肖某借款 7 万元，故肖某诉请要求刘先生夫妇偿还 5 张借据的借款，法院不予认可。最终，法院判令偿还肖某借款 7 万元。

分析： 上述案例是应用文中的条据在生活中的应用，条据是经常被用到的应用文体，在人们的日常交流中起着重要的作用。案例中如何认定借据之间的涵盖关系成了案件的主要争议焦点，也是举证的重点。根据《民事诉讼法》第六十四条规定："当事人对自己提出的主张，有责任提供证据"。案例中，肖某虽向法院提供 5 张借据，用以证明刘先生夫妇欠款 13 万元，但 2012 年 12 月借据的内容明确写明，自 2011 年 1 月起至今，刘先生夫妇从肖某处共借现金 7 万元整。因此，该份证据能够证明刘先生所称 7 万元借条包含前四张借条的主张，法院予以认可。

另外，根据《最高人民法院关于人民法院审理借贷案件的若干意见》第四条规定，人民法院审查借贷案件的起诉时，应要求原告提供书面借据；无书面借据的，应提供必要的事实根据。对于不具备上述条件的起诉，裁定不予受理。可见，借据是民间借贷纠纷中至关重要的、具有决定意义的证据。

因此，日常生活中，应用文的运用发挥着至关重要的作用。当事人之间发生借贷活动时，因各种原因，需要重复书写借条的，应当注意收回原借条；如果因为客观原因无法收回原借条，则应在书写总借条时，注明某年某月某日某金额的借条作废，以便构成足以推翻原借条的有力证据。

(资料来源：http://beijing.qianlong.com/3825/2013/09/10/2000%408944487.htm)

单 元 练 习 题

一、填空题

1. 应用文是指_____、_____、企事业单位和_____在学习、工作、生活中处理_____事务时所使用的具有惯用格式的文种总称。

2. 应用文的特点是_____、_____、_____、_____和_____。

3. 根据工作性质和内容的要求，应用文可分为_____、_____、_____、经济文书、礼仪文书、职业文书、法律文书、传播文书、科技文书九类。

二、判断题

1. 据中共中央办公厅、国务院办公厅 2012 年 4 月 6 日联合印发的《党政机关公文处理工作条例》的规定，公务文书有决议、决定、命令、公报、公告、通告、意见、通知、通报、报告、请示、批复、议案、函、纪要等十五种。（　　）

2. 会议记录属于公务文书。（　　）

3. 应用文的主题很隐晦，甚至有多重主题。（　　）

三、简答题

1. 应用文写作的一般要求有哪些？

2. 学习"应用文写作"课程的方法有哪些？

第二章 日常文书写作

　　本章主要介绍条据、申请书、启事、海报、演讲词的写作。学生通过学习本章，应能够正确掌握条据、申请书、启事、海报、演讲词的写作方法。

　　日常文书内涵十分丰富，一般是指人们在日常工作、学习和生活中经常使用的，用来沟通信息、联络感情、表达意愿的应用文书。它主要包括便条契据类文书、专用书信类文书(申请书)、启事、海报等。便条契据类文书主要包括请假条、留言条、借据、收据、领条等。

　　在写法要求上，日常应用文书虽然不具有公文那样的法定规范标准，但也有约定俗成的规律特点，写作时应严格遵守，不可随意改变。

第一节 条 据

　　条据是便条和单据的合称，多用于代指便条契据类文书。条据是人们在生活和工作中因告知事情、交接物品、请托事项、收欠钱款时写下的作为凭证或说明的简短字据。便条是说明性条据，实际上就是简单的书信，具有告知、说明和请托的作用；单据是凭证性条据，具有查考、证明的作用。条据具有简单性、便捷性的特点。

一、条据的种类

　　根据内容和用途，条据可以分为说明性条据和凭证性条据。

(一) 说明性条据

　　说明性条据是指向有关人员说明情况、托付事情、传递信息用的字据，如请假条、留言条、托事条等。

（二）凭证性条据

凭证性条据是指交接钱物时用来作为凭证的字据(又称单据)，如借条、收据、领条、欠条等。

二、条据的格式与写法

（一）说明性条据

1. 标题

请假条一般都有标题，留言条、托事条、便条一般省略标题。标题要居中。

2. 称呼

因为条据一般是在熟人之间使用，称呼一般可以用简称，如张老师、小王等，特殊情况下，应以"×××先生"或"×××女士"称呼。称呼要顶格写。

3. 正文

简明扼要地写明要说明的事情，交代清楚什么事，以及原因、时间或者有关要求等。行文时要注意语言简洁、礼貌周全。

4. 致敬词

最常用的致敬词有"此致敬礼""谢谢"等。

5. 落款

落款包括署名和时间两个内容。

（二）凭证性条据

凭证性条据一般涉及借、欠、收、还、领个人或公家钱款、财物，起凭证作用。钱物归还后，条据要收回作废或撕毁。其写作格式包括以下几点：

1. 标题

标题写"借条(收条、领条、欠条)"，代人处理加"代"字，并标明条据的性质内容。标题要居中。

2. 正文

正文惯用语为"今借到(今收到、今领到、今欠)…… + 对方名称 + 钱物名称(钱需写明币种) + 数量(汉字大写)"，结尾处或另起一行空两格写"此据"。

3. 落款

签字盖章，写明具体日期。

三、条据例文

(一) 说明性条据例文

☞请假条例文：

请 假 条

李老师：

　　您好！因今天中午突发高烧，经医生检查后确认患急性肺炎，需住院诊治，故明日起不能回校上课。现特向您请假三天(5 月 7 日—5 月 9 日)，恳请批准！

　　此致

敬礼

　　附：××市第二人民医院病情证明

2018 级文秘(1)班学生：李国胜
2018 年 5 月 6 日

☞留言条例文：

张冰：

　　你好！大学毕业后十年未见，借出差包头之机特来府上拜访，不遇，甚憾。我要赶今晚 7 时火车北上，故不能再候你了。现留下名片一张，请与我联系。特送上土特产一袋，望笑纳。

老同学：钱杰
2018 年 4 月 28 日

☞托事条例文

黄兰：

　　你去书店时，烦请帮我代购高等教育出版社出版的《大学语文》书两本。

　　谢谢！

郑琴托
2018 年 3 月 8 日

(二) 凭证性条据例文

☞借条例文:

借　条

今借到学院设备科 SONY 牌照相机壹部，将于 2018 年 5 月 5 日归还。此据

经手人: 人文系李茂云
2018 年 5 月 3 日

☞收据例文:

收　据

今收到 18 级文秘(1)班团支部交来团费人民币伍拾陆元整。此据

经手人: 人文系李茂云
2018 年 5 月 12 日

☞领条例文:

领　条

今领到学院教务处发给系部的文件盒贰箱、文件柜壹个、碎纸机壹台。此据

经手人: 人文系李茂云
2019 年 4 月 27 日

☞欠条例文:

欠　条

原向杜小强借人民币叁仟元整，现已还人民币壹仟元整，尚欠人民币贰仟元整，将于 2018 年 9 月 1 日前全部还清。此据

欠款人: 刘玉刚
2018 年 6 月 8 日

四、条据写作的注意事项

(1) 条据一般属于说明性文体范围，其四项要素(写给谁，什么事，谁写的，什么时间写的)要一一写清楚。

(2) 涉及的钱款、物件数字必须要汉字大写(壹、贰、叁……)，数字前不留空白，后面要写明计量单位(如元、台、件等)，然后写上"整"字。后面或另起一行写"此据"二字，以防添加或篡改，"此据"后不加标点符号。

(3) 钱款条据一定要写明币种。物品要写明名称、种类、数量和型号。

(4) 条据一律要用钢笔或毛笔书写，以便保存，字迹要工整，不得涂改。如确需涂改，应在改动处加盖印章，以示负责。签名不能代签，必须当事人签名，并加盖印章或指印。

(5) 对外单位使用的借条，单位名称要写完整，不要用简称。日期要用阿拉伯数字，并写全年、月、日。

(6) 语言要避免歧义，以免造成纠纷。

📖 实例实践

根据下面题中要求写条据。

1. 假设你借了同学杨林 1000 元，请为此事写一张条据。

2. 假设你有事不能上课，需向班主任请假一天，请写一张请假条。

3. 开学初学校给新生发校服，要求各班班长前去总务科领取。导游(1)班班长李明领取了新校服 49 套。请你以李明的身份给总务科写一张领条。

4. 元旦在即，班里要举办联谊会，请你到校学生会借一套音响设备，写一张借条。

第二节　申　请　书

一、申请书的含义

申请书是单位、个人因某种需要向组织提出请求批准或帮助解决问题的专用书信。它是日常工作中广泛使用的专题书信，具有请求性和单一性特点。格式与书信基本一致。

二、申请书的写法

申请书一般由标题、称呼、正文、结尾、落款构成。

（一）标题

标题写在第一行居中，字体一般大于正文。申请书的标题有三种形式。一是直接居中写"申请书"；二是写明申请书的内容，如《入党申请书》《转正申请书》等；三是"关于+内容+申请书"形式的标题，如《关于参加省思政教师培训班的申请书》等。

（二）称呼

一般在标题下空一行居左顶格写出接受申请书的组织名称，如××党支部、市委组织部等；还可以直接写负责人的名字+职务，如李茂云院长、李茂云主任等。可加敬语，称呼后有冒号。

（三）正文

正文是申请书的主要部分，它要交代清楚申请事项、申请理由、申请态度三项内容。

(1) 申请事项：即申请什么，要求批准什么。一般要求开门见山，简明扼要。如"我是××学院××级×班的学生李茂云，想申请学校的贫困助学金"。

(2) 申请理由：即交代申请的原因。不同的申请事项在申请理由(原因)表述上有差异。如入党申请书、入团申请书、入会申请书等，其申请理由主要是对党、团、协会等的认识及申请加入的动机和具备的条件。若是申请开业，则需交代经营的业务和技术水平、资金铺面等条件；若是申请帮助解决问题，则需交代在这方面的困难。因此，申请的理由要针对申请事项，要写得充分、合理。在语气方面用恳请、请求的语气。

(3) 申请态度：即表明态度和决心。这部分内容相对简约，但要将自己的态度和决心写清楚。如入党申请书表明态度部分："我深知，按党的要求，自己还有一定的差距，在我身上还有许多缺点和不足，如处理问题不够成熟、政治理论水平不高等，因此，请求党组织从严要求我，以使我更快进步。如果组织上没有接受我的请求，我也不会气馁，要继续为之奋斗，自觉接受组织和同学的帮助与监督，努力克服自己的缺点，弥补不足，争取早日入党，请组织在实践中考验我！"

（四）结尾

惯用语。如"特此申请""恳请领导帮助解决""恳请领导研究批准"。

（五）落款

在正文的右下方签署申请人和申请日期，单位申请写明单位名称并加盖公章。

三、申请书例文

申请书常用于申请资金、活动经费、助学金、设备、场地、入党、入团、入会、工作调动、离职、转正等方面，下面提供几种例文，便于有选择地参考。

✂ 贫困助学金申请书例文：

贫困助学金申请书

尊敬的校领导：

您好！我叫李茂云，是本校 18 级文秘(1)班学生，想申请学校的贫困助学金。我来自广东湛江市××县的农村，家有父亲、母亲、妹妹和我四人。父母都是农民，因没有文化，也没有本钱，一直以务农为生，没有其他额外收入。母亲常年多病，家里开支几乎由父亲一人承担，家中一直过着清苦、贫困的生活。

父亲为让下一代有文化、有出息、改写家庭的历史，十几年来一直默默劳苦耕作，给我与妹妹创造上学的条件和机会。小学、初中、高中所需学费和生活费多由父亲承担，除某些学期学校考虑到我家庭贫困给予减免学费外。

暑去冬来，我终于在 2018 年 8 月拿到贵校的录取通知书。当我将其双手捧到父母面前时，我们喜极而泣。我终于圆了大学梦！

然而，与中学小数额学费相比，大学每年的学费成为我上大学的极大难题。这让我们家在高兴之余立即明白随之而来的将是艰辛的借款。几经周折，父母终于向亲戚朋友借足了学费，把我送上大学，但留下了沉重的债务。

如今，得知学校有资助贫困生的善举。为了顺利完成学业和减轻父母的负担，我恳请学校考虑我的申请。

今后我将更加刻苦学习，奋力拼搏，争取做一名德才兼备的优秀学生，回报学校和父母。

恳请校领导研究批准

申请人：李茂云
2019 年 3 月 24 日

✂ 入党申请书例文：

入党申请书

敬爱的党组织：

今天我郑重递上入党申请书，这是我人生中一件庄严神圣的事，是我入党前的一次宣誓。

我一直认为，伟大的中国共产党是中国工农阶级的先锋队，是中国各族人民利益的忠实代表，是中国社会主义事业的领导核心，是以马列主义、毛泽东思想、邓小平理论、"三个代表"重要思想和科学发展观为指导的，是建设小康社会、振兴中华的伟大力量，是一心一意为人民服务，创造先进生产力和先进文明的核心力量。

在战争年代，中国共产党引领全国人民，取得新民主主义革命的胜利，建立新中国；在和平建设年代，共产党人走在时代的前列，引导全国各族人民取得一个又一个巨大成就，实现综合国力的大步提升和人民生活的日益富裕。如今，中国共产党又引领着全国人民，朝着全面建设小康社会、实现中华民族伟大复兴的康庄大道前进。将来，中国共产党必将引导人民实现国富民强、振兴中华的伟大目标。总之，中国共产党是一个伟大的政党！

作为一名大学生和共青团员，我明白应该将自己的爱国热情化作行动，将自己的理想和祖国的前途命运结合起来，坚决拥护共产党领导，以优秀共产党员为人生目标，努力向先进共产党员学习，争取早日成为一名党员。在党组织的领导下，将自己的力量与激情献给党和国家事业，为全面建设小康社会和实现中华民族的伟大复兴作出应有的贡献。这样，才能实现自我的价值，人生才有意义。因此，自踏入大学以来，我时刻以党员的标准严格要求自己，认真学习和领悟党的指导思想，以马列主义、毛泽东思想、邓小平理论、"三个代表"重要思想、科学发展观为行动指南，积极主动、全心全意地为班级多做事，不怕苦，不怕累，在学习、生活中体现出一个班干部应起到的模范带头作用，无论在学习上还是生活中都受到老师和同学的好评。

我深知，自己与共产党员的要求还有不小的差距。但我一定努力学习，时刻谨记党员的要求并付诸行动，争取早日成为一名党员，请党组织严格考察我。如能批准我的入党申请，我定当戒骄戒躁，以党员的标准严格要求自己，不断学习，积极进取，在思想和行动上与党保持一致，做一名名副其实的共产党员。如果不能获得批准，我也不会气馁，会继续为之奋斗，自觉接受组织和同学的帮助和监督，努力克服缺点，弥补不足，争取早日加入中国共产党。

　　特此申请。

申请人：李茂云

2018 年 9 月 23 日

✂️员工转正申请例文：

试用员工转正申请书

尊敬的人事部：

　　本人于 2018 年 6 月 25 日进入公司，根据公司安排，担任公司行政文员一职。如今，三个月试用期已满，我郑重提交转正申请。

　　三个月来，本人工作认真、负责，富有热情，善于沟通，认真地履行行政文员职责，出色地完成岗位工作，较好地完成领导临时交代的工作，得到领导的认可。与同事关系融洽，表现出很强的团队协作能力。

　　在工作中，本人不断学习，虚心求教，还利用下班和周末时间阅读文员工作指导书，不断提高理论和业务水平，为以后更好地胜任这一岗位和出色完成各项工作奠定了扎实的基础。

　　总之，我在这三个月的试用期间，虽有办事不够干练、对事情的预见性和创见性不够等不足，但总体表现还算出色，已能完全胜任本岗位工作。因此，本人向贵部递交转正申请，请考核批准！

申请人：李茂云

2018 年 9 月 25 日

✂️活动经费申请书例文：

举办第三届"××"杯篮球赛经费申请书

尊敬的校领导：

　　为丰富校园文化生活，激发学生参加体育锻炼的热情，提高学生的身体素质，我校体育教研室联合校学生处、校团委，拟于 2018 年 4 月 15 日至 5 月 15 日举办我校第三届"××"杯篮球赛。经核算，共需经费××××元整，如下所示。

项 目	具 体 数 目	合计(元)
比赛奖金	冠军：300元；亚军：200元；季军：100元	600
比赛用球	×××(型号)篮球10个，每个70元	700
比赛用水	20箱，每箱16元	320
延请裁判	6名，执行一场××元，全部比赛共××场	××××
……	……	……
总计		××××

请核查批准！

体育教研室
2018年3月23日

📖 **实例实践**

根据要求，写一份申请。

假如你是即将参加顶岗实习的大三学生，本人自愿申请并经家长同意离校前往某公司实习，离校期间保证按时参加所修课程的考试，并经常与学校保持联系，按时返校，请你拟一份离校申请书。

第三节　启　　事

一、启事的含义

启事是指机关、团体或个人需要公开说明或告知情况而在公共场合张贴或通过媒体公开播发、刊登的广而告之的一类应用文书。在日常生活中，常见的启事类型有征稿启事、寻人启事、寻物启事、招聘启事、招生启事等。

二、启事的写法

启事一般由标题、正文、落款构成。

（一）标　题

启事常用的标题形式有以下四种：

（1）直接写"启事"。

（2）由发文单位＋文种构成，如《×××公司启事》。

（3）由事由＋文种构成，如《寻物启事》《招干启事》等。

（4）由发文者＋发文事由＋文种构成，如《×××公司招聘启事》《×××服装店迁址启事》。

另外，有些启事因比较紧急，用"紧急启事"为标题；有些虽未标明为启事，其实也属于启事范围，如《招租》《招商》等。

（二）正　文

启事的正文主要是交代事情原委和目的，提出希望和要求，说明有关注意事项和办理程序等。

（三）落　款

落款标明署名和日期。

三、启事例文

征稿启事例文：

院刊征稿启事

为了充实刊物的内容，结合我院少数民族学生集中的特点和建设特色学科的要求，切实做到突显学科特点、发挥专业优势，经研究决定，我院院刊面向全院学生公开征稿，具体栏目板块征稿内容如下。

（1）散文：反映校园生活，思想健康。字数要求3000字左右。

（2）学院新闻：2018年上半年有关学院、班级的学术活动、学生课外活动等，字数要求400字左右。

（3）民族特色专栏：专门挑选各民族特有的文化习俗进行介绍。字数要求400字左右。

（4）小品文：短小精美的文章，字数要求200～1000字。

（5）推荐书目：推荐有阅读价值的书目，可为专业书目，也可为课外提升自我品位和内涵的书目等，注明作者、出版社、主要内容等，字数要求 600 字以内。

(6) 书法、绘画、摄影：软笔作品每幅长宽都不超过 1 米，硬笔作品不小于 16 开；绘画作品在 A4 全开纸内；摄影作品 4 张为一幅，每张为 6 寸。

以上写作稿件请统一发至邮箱：minzuxueyuan@163.com。书法、绘画、摄影作品请交于负责人处。负责人：李茂云 139××××××××，李国胜 139××××××××。

××民族学院

2018 年 6 月 3 日

ᏱᏱ招聘启事例文：

招聘启事

我公司因业务发展的需要，现面向社会公开招聘董事长秘书一名(男女不限)。

一、基本条件

(1) 最低学历：大专。

(2) 工作经验：三年以上。

(3) 岗位职责：具有深厚的文字功底，擅长撰写各种文稿，熟悉各种公文、商务信函等的写作，熟悉相关办公软件，熟悉社交礼仪，具有良好的商务接待和公关交际能力、人际沟通能力、组织协调能力。

二、月薪：2000～3000 元

三、报名方式

个人简历及生活照(近期，一张)发至邮箱：limaoyun@163.com。

联系人：李茂云科长，电话：0759-666××××。

四、报名截止时间：2018 年 4 月 25 日

湛江市×××有限公司人事科

2018 年 3 月 1 日

实例实践

1. ××学院学生会拟招聘一名文艺干事，请你据此拟写一篇招聘启事。所需的必要信息自拟，合情、合理即可。

2. 18 级文秘(1)班李茂云同学在上体育课时捡到一个钱包，内有 200 块钱、银行卡、饭卡等。请你据此拟写一篇招领启事，所需的必要信息自拟。

第四节　海　　报

一、海报的含义

海报是指把举办文艺晚会、影视放映、体育比赛、学术报告的信息告知公众的日常应用文书(亦称招贴)。它通常指单张纸形式、可张贴的广告印刷品。海报是最古老的商业大众传播形式之一，非商业组织及公共机构也可用此宣传方式。其优点是传播信息及时，成本费用低，制作简便。

二、海报的类别

从用途上海报可分为公共海报和商业海报两大类。

从内容上可以分为下列几类。

(一) 电影海报

这是影剧院公布演出电影的名称、时间、地点及内容介绍的一种海报。这类海报有的还会配上简单的宣传画，将电影中的主要人物、画面形象地描绘出来，以扩大宣传的力度。

(二) 文艺晚会、杂技、体育比赛等海报

这类海报同电影海报大同小异，它广而告之的内容是观众可以身临其境进行娱乐观赏的演出活动，这类海报一般有较强的参与性。海报的设计往往新颖别致，引人入胜。

(三) 学术报告类海报

这是一种为一些学术性的活动而发布的海报，一般张贴在学校或相关的单

位里。学术类海报具有较强的针对性。

三、海报的写作

海报一般由标题、正文和落款三部分组成。

（一）标 题

海报的标题写法较多，大体可以有以下几种形式：其一，单独由文种名构成，即在第一行中间写上"海报"字样；其二，直接由活动的内容承担题目。如"舞讯""影讯""球讯"等；其三，可以是一些描述性的文字。如"×××再显风采""××旧事重提"。

（二）正 文

海报的正文要求写清楚以下内容：第一，活动的目的和意义；第二，活动的主要项目、时间、地点等；第三，参加的具体方法及一些注意事项等。

（三）落 款

落款要求署上主办单位的名称及海报的发文日期。

以上格式是就海报的整体而言的，实际使用中，有些内容可以少写或省略。

需要注意的是，海报一定要具体真实地写明活动的地点、时间及主要内容。文中可以用些鼓动性的词语，但不可夸大事实。海报内容要求简洁明了，篇幅要短小、精悍。海报的版式可以做些艺术性的处理，以吸引观众。

四、海报例文

✂电影海报例文：

✂晚会海报例文：

✂医学海报例文：

医　　讯

　　××市中心医院(市二院)特邀请俄罗斯国家卫生部重点心血管病专科医院医务人员一行7人，于2018年3月10日至3月17日在我院讲学和出诊。欢迎各类先天性心脏病患者、瓣膜病及冠心病需冠脉搭桥术者及各类主动脉瘤病人来我院就诊。

　　联系电话：×××××××××。

　　联系人：张××。

　　地址：××市××中路288号市二院住院部四楼心脏外科。

××市中心医院
2018年3月1日

📖 **实例实践**

　　包头商贸职业学院邀请我区著名的经济学家李茂云博士来校做题为"知识经济时代的学习和工作"的讲座。请你据此以学院宣传部的名义写一篇海报，邀请学院全体师生参加。

第五节　演　讲　词

一、演讲词的含义

　　演讲词是演讲者在演讲时所依据的文稿。演讲具有强大的鼓动性、强烈的政治性和社会效应，演讲也是一个人思想水平和各种才华技艺的集中亮相，是展现一个人口才的最好形式。它的特点是声形合一，感召力强，情景交融。张志公说："演讲是科学，演讲是艺术，演讲是武器。"在当今社会，一个没有口才和演讲能力的人很难适应工作和生活需要。然而，好的演讲离不开好的演讲词。写好演讲词是演讲成功的关键，也是一个成功的演讲者所应具备的基本能力。

二、演讲词的结构

演讲词一般由称谓、开头、正文和结尾四个部分构成。

（一）称谓

演讲的对象不同、场合不同，称谓也就不同。常见的称谓有"各位领导""各位来宾""女士们、先生们""同志们""朋友们"等，通常在称谓前加上"尊敬的""敬爱的"等词，以示尊重和友好。

（二）开头

这部分是演讲词的导入部分。写作时要简短、精彩，能很快与听众沟通，引人入胜，调动听众的情绪，为后面内容的展开打下基础。

（三）正文

这部分是演讲词的中心部分。根据演讲对象、内容选择材料，选取有生命力的例子，应条理清晰，层次分明。语言的运用要把握好节奏，时时抓住听众的情绪，做到张弛有度。

（四）结尾

演讲词的结尾力求简洁、明快。要善于运用感情色彩浓郁的词语或修辞手法，以富于鼓动性，给人留下深刻的印象。

三、演讲词的写作技巧

演讲词的写作，既要遵循写作的一般规律，又要掌握自身的写作特点和技巧。

（一）心中装着听众，倾注真情实感

写作演讲词时要多做换位思考。假如自己是听众，自己最想听的是什么？最不想听的是什么？只有站在听众的角度上，了解听众的心理，才有可能写出好的演讲词。对演讲者来说，听众是上帝，听众的反应是演讲成功与否的试金石。

（二）精心安排结构，开头精巧，结尾有力

元代乔梦符说："作乐府亦有法，曰凤头、猪肚、豹尾是也。"演讲词的写作也是如此。"凤头"比喻新颖精巧，出语不凡，引出正题；"猪肚"比喻正文内容充实，材料丰富，血肉丰满；"豹尾"比喻简短有力，深化主题，引人深思。

(1) 开头精彩，抓住听众。万事开头难，演讲时最重要的，就是一开始就有立刻抓住听众注意力的力量。演讲词的开场在形式上要力求新颖、别致，有趣味性；在内容上要有新意，出奇制胜，使人耳目一新；在容量上要意境深远，内涵丰富；在气势上多选用排比句，做到气势贯通。

(2) 构思精巧，巧妙切入。有一名大学生在演讲比赛时，先向听众展示罗中立的油画《我的父亲》，然后才开始演讲《为了我们的父亲》。演讲者用实物来切入，吸引听众，构思巧妙，最终获得大奖。

(3) 内容丰富，跌宕起伏。演讲的内容需要围绕主题阐述，论证充分，以理服人。因此内容要充实，而且注意跌宕起伏，扣住听众的心弦。

(4) 结尾精彩，留有余音。卡耐基曾写道："最后的也是最重要的，缄口之前挂在嘴边的词儿，可能使人记得最久。"一篇之妙在于落句。整个演讲犹如画龙，而演讲的最后则如点睛。好的结尾能给人留下深刻印象。

（三）立异创新，见解独到

如果一个演讲者在写作演讲词时力求创新，那就可以标新立异，别具风采。

（四）短小精悍，妙语连珠

演讲词最忌讳穿靴戴帽、庞杂冗长、千篇一律，陈腐之言无异于自欺欺人，绝对不受欢迎。契诃夫说："简洁是才能的姐妹。"短小精悍、内容新颖的演讲总是受人欢迎，让人印象深刻的。林语堂曾幽默地说："演讲稿如同美女的裙子，越短越好。"短而精，是才情的标尺、成功的要素。写作演讲稿，既要求主题明确，思想凝练，又要求构思、用语奇妙，言简意赅。

(五) 语言幽默，风趣智慧

幽默是演讲者常用的一种艺术手法。演讲的幽默法，是用诙谐的语言、逗人发笑的"材料"或饶有兴趣的方式来表达演讲内容，抒发演讲者感情的一种艺术手法。莎士比亚曾说过："幽默和风趣是智慧的闪现。"林语堂说："幽默是人类心灵舒展的花朵，它是心灵的放纵或者放纵的心灵。"幽默在演讲中有相当重要的作用，它所产生的谐趣对听众具有强大的吸引力和感染力。演讲中运用幽默的方法可以愉悦听众，启迪听众，委婉地表达演讲内容。它多用于即兴、开场、应变、讽刺或批评。

四、演讲词例文

祖国在我心中

敬爱的老师、亲爱的同学：

大家好！今天我演讲的题目是"祖国在我心中"。

五千年漫漫征程，一路风雨一路行。中华民族曾有过向世界开放、国力强盛的汉唐辉煌，也有过闭关锁国、落后挨打的近代耻辱。前进的道路充满艰辛，但艰辛孕育着希望。如今走向世界的中国，脚步迈得更加坚定、更加铿锵、更加豪迈。民族复兴，指日可待；中华腾飞，势不可挡。

回眸历史，张骞出使西域，玄奘西行取经，鉴真东渡传教，郑和七下西洋。我们的祖先曾让中国走向世界，让世界认识中国，大开放迎来大发展，四大发明曾一度是我们的自豪。但是到了近代，中国的封建统治者妄自尊大、闭关锁国、思想僵化。中国脱离了世界，世界甩落了中国。鸦片战争、中法战争、中俄战争，《南京条约》《北京条约》《马关条约》等，太多太多的耻辱，太多太多的枷锁，东方巨人，你怎么了东方巨人，你为什么不怒吼？"仰天长啸待时日，巨龙腾飞平地起。"中国共产党领导中国人民站起来了，屈辱的历史一去不复返，辉煌的前景向我们走来。"两弹一星"显身手，改革开放建高楼。新中国以不屈的自尊，独立自主，攻破坚冰。以崭新的姿态，和平共处，走向世界。鲜艳的五星红旗终于在联合国庄严升起。

展望未来，中华民族"上下而求索"。道路是曲折的，但曲折只会让中国人民更加理智。十年内乱后，党带领中国人民改革开放，在总设计师邓小平的领导下，"改革东风送残冬，对外开放春意浓"。经济特区、沿海明珠；863计划、一国两制。这一切无不在昭示着：中国的无限发展生机和活力。"乘风破浪会有时，直挂云帆济沧海。"坚持对外开放，与时俱进谱新篇：浦东崛起，港澳回归；北京申奥成功，"神舟"九号遨游太空；上海举办世博会议，中国经济顺利入世。这一切无不在昭示着：中国巨龙飞速发展，不断强大。

　　历史给我们以启迪：一个走向世界的民族，必须自尊自立，自信自强；未来给我们以召唤：一个走向世界的民族，必须胸怀宽广，博采众长，才能以昂然身姿挺立于世界民族之林。今天我们是祖国的希望，明天我们就是祖国的栋梁。祖国永驻我心，我心属于祖国。我要为祖国的繁荣富强奋斗不息。

×××

××××年××月××日

(例文来源：百度文库《五千年漫漫征程》，有删改)

📖 实例实践

　　学校准备举办"你为明天准备了什么？"演讲比赛，请你写一篇演讲词。

✒ 拓展阅读

借条的八大陷阱

一、打借条时故意写错名字

案例：

　　王某父子向朋友张宗祥借款 20 万元，并打下借条，约定一年后归还欠款及利息。想不到王某父子在借条署名时玩了个花招，故意将"张宗祥"写成"张宗样"。张宗祥当时也没有注意。到还款期后，张宗祥找到二人催要借款，谁知二人却以借条名字不是张宗祥为由不愿归还。无奈之下，张宗祥将王氏父子告到法院。尽管法院支持了张的主张，但张也因在接借条时的不注意付出了很大代价。

二、是己借款，非己写条

案例：

王某向张某借款 10000 元。在张某要求王某书写借条时，王某称到外面找纸和笔写借条，离开现场，不久返回，将借条交给张某，张某看借条数额无误，便将 10000 元交给王某。后张某向王某索款时，王某不认账。张某无奈起诉法院，经法院委托有关部门鉴定笔迹，确认借条不是王某所写。后经法院查证，王某承认借款属实，借条是其找别人仿照自己笔迹所写。

三、利用歧义

案例一：

李某借周某 100000 元，向周某出具借条一张。一年后李某归还 5000 元，遂要求周某把原借条撕毁，其重新为周某出具借条一张："李某借周某现金 100000 元，现还欠款 5000 元。"这里的"还"字既可以理解为"归还"，又可以解释为"尚欠"。根据《民事诉讼法》相关规定"谁主张，谁举证"，周某不能举出其他证据证实李某仍欠其 95000 元，因而其权利不会得到保护。

案例二：

张某向王某借现金 3000 元，向王某出具借条一张："借到张某现金 3000 元，2005 年 8 月 17 日"。后王某持该借条向人民法院起诉，张某当庭辩称此借条证实王某借其款 3000 元，要求王某归还现金 3000 元。后经证实，张某在书写欠条时，把本应写在现金 3000 元后的借款人名字故意写在"借到"二字后面的空格处，致使欠条出现歧义，以达到不还借款的目的。

四、以"收"代"借"

案例：

李某向孙某借款 7000 元，为孙某出具条据一张："收条，今收到孙某 7000元"。孙某在向法院起诉后，李某在答辩时称，为孙某所打收条是孙某欠其7000 元。

五、财物单位混淆

案例：

郑某给钱某代销芝麻油，在出具借据时，郑某写道："今欠钱某芝麻油毛重 800 元。"这种偷"斤"换元的做法，使价值相差 10 倍有余。

六、借条数字书写不规范

案例：

丁某向周某借款 20000 元，周某自己将借条写好，丁某看借款金额无误，遂在借条上签了名字。后周某持丁某所签名欠条起诉丁某归还借款 120000 元。丁某欲辩无言。后查明，周某在 20000 前面留了适当空隙，在丁某签名后便在后加了"1"。

七、两用借条

案例：

刘某向陈某借款 18000 元。出具借条一张："借到现金 18000 元，刘某"。后刘某归还该款，陈某以借据丢失为由，为刘某出具收条一张。后第三人许某持刘某借据起诉要求偿还 18000 元。

八、借条不写息

案例：

李某与孙某商量借款 10000 元，约定利息为年息 2%。在出具借据时李某写道：今借到孙某现金 10000 元。孙某考虑双方都是熟人，也没有坚持要求把利息写到借据上。后孙某以李某出具的借据起诉要求还本付息，人民法院审理后以合同法第 211 条"自然人之间的借款合同对支付利息没有约定或约定不明的，视为不支付利息"的规定，驳回了孙某关于利息的诉讼请求。

单元练习题

一、填空题

1. 说明性条据有_____、留言条和托事条等。借条、收条、欠条、领条等是_____条据。

2. 请假条由标题、_____、_____、_____、_____五部分组成。

3. 申请书是_____因某种需要向组织_____或_____的专用书信，它具有_____、_____的特点。格式与书信基本一致，由_____、_____、_____、_____、五部分构成。

4. 入党、入团申请书申请理由要写对组织的_____、加入组织的_____，和具备的_____。

5. 寻物启事在正文部分要详细具体地写清楚丢失物品的_____、_____、失物的名称、_____、交给谁(联系方式)等。此外，由于寻物启事是求人协助寻物的，所以行文中要有_____之意。

二、判断题

1. 写借条或收条可以使用铅笔或圆珠笔。　　　　　　（　　）

2. 申请书的正文包括三项内容，分别是：申请事项，申请理由，申请态度。　　　　　　　　　　　　　　　　　　　（　　）

3. 申请书只能一事一议，内容要单纯。　　　　　　　（　　）

4. 启事和启示是一种文体，可以通用。　　　　　　　（　　）

5. 启事面向大众告知事宜。它只具有知照性，而没有强制性和约束性。

　　　　　　　　　　　　　　　　　　　　　　　（　　）

三、改错题

案例一：

申 请 书

普陀山派出所：

　　我是碧桂园区 11 号居民，叫白琳，43 岁，在拖配厂工作。我爱人欧阳山，46 岁，是副食品商店的营业员。因身体患病，婚后一直没有生育。家中只有我们夫妇两人，经济收入宽裕，但精神上很感寂寞。经商量，我们准备把堂弟的三女儿欧阳佳，接到我家，给我们做女儿。此事已经双方同意，并于今年 10 月 12 日办理了有关领养的公证手续。现特向派出所申请，同意并准予将欧阳佳的户口迁入为盼。

　　另外，因本人上月上旬，在回家途中不慎将居民身份证遗失，期间虽经多方查找，但仍苦无下落。现在急需使用身份证，为此特向贵所申请，望替我补办居民身份证，请速给我解决。要不，耽误大事你们派出所可负不起这个责任。

白　琳

案例二：

　　王阳在打篮球的时候把一件黑色夹克放在了篮球场边上，结果打完篮球后忘记穿上，再去找的时候已经不见了，他写了一份寻物启事张贴在学校的张贴栏，大家看看有什么问题：

　　哪位同学捡到一件衣服，请交还给王阳。

2018 年 3 月 20 日

王　阳

四、写作题

1. 张三向李四借了 198752 元，约定一周内归还，请你写一张借条。

2. 王彬在学校操场打篮球时，不慎将自己所戴的一只"天美时"男士手表丢失，请替王彬写一则寻物启事。

第三章 事务文书写作

事务文书是指党政机关、社会团体、企事业单位及个人处理日常事务而使用的文书。常用的事务文书有计划、总结、调查报告、会议记录、述职报告、领导讲话稿等。

本章主要讲授计划、策划、总结三种事务文书的写作。学生通过学习与实践，能够掌握计划、策划、总结的写法，能根据自己的实际制订出合理的计划，并做出客观的总结，能根据工作需要撰写策划书。

第一节 计划和策划

一、计划

(一) 计划的含义

计划是指组织或个人为将来一定时期内完成某项任务或达到某种目的所做的部署或安排的文书。计划虽未被列为国家公文种类，但在党政机关、社会团体、企事业单位中经常使用。计划具有超前性、客观性、指导性、可行性等特点。

计划是计划类文书的统称，还包括规划、纲要、方案等，但它们之间有一定区别，大体如下。

(1) 规划、纲要：时间跨度大(一般用于 5 年以上)，范围广，具有全面性和长期性特点。因为时间较长，情况会不断变化，因此，规划、纲要一般不太具体。

(2) 方案：时间跨度小，多是专项工作，思考较细，是具体、详细、周密地安排。

(3) 计划：时间跨度可大可小，可以是全面工作也可以是单项工作。因此，计划根据时间长短可分为长期计划、中期计划、短期计划、年度计划、季度计划、月份计划；根据性质可分为综合计划、专题计划等。此外，计划根据内容划分有工作计划、生产计划、学习计划、科研计划等。

(二) 计划的写法

计划的主体部分一般由标题、正文、落款构成。

1. 标题

计划的标题只需直截了当地说明是何计划即可。有公文式标题和文章式标题两种。公文式标题一般由单位名称＋使用期限＋内容概要＋计划种类构成，如《××学院 2017 年工作计划》《××市"十一五"农业发展规划》。这四项构成要素中，可以省略单位，如《2017 年科研计划》等。另外，如果计划尚不成熟，可以在标题后注明"草案""征求意见稿"等字样，如《××市城乡建设委关于 2017 年市政建设的计划(草案)》。

文章式标题常由正标题和副标题组成。正标题用来概括计划内容，指出主题；副标题用来揭示单位名称、使用期限、内容概要、计划种类。由此可见，副标题与公文式标题写法一致。因此，文章式标题只是加上一个生动形象的正标题以引起注意或增加气势。如《奋力拼搏，再创辉煌——××省体育局 2018 年工作计划》。

2. 正文

计划的正文一般由开头、主体、结尾三部分构成。

(1) 开头。计划的开头部分主要是简明扼要地交代计划的背景、依据、目的和意义。写作时常以下面的思路行文。

根据……，为了……，为此，……特制订计划如下。

例：根据学院的有关安排，为使我系更好地完成本学期工作任务，特制订计划如下。

(2) 主体。计划的主体是计划的核心部分。计划正文的一般写作思路如下：

① 交代任务或目标：先交代总的任务，再详细分述具体任务或目标(做什么)；

② 交代具体措施：为完成任务或达到目标所采取的具体措施(怎样做)；

③ 交代步骤：时间和程度(什么时间做，做到何种程度)。

计划的主体部分可以采用如下行文结构：

第一部分把本年度的工作目标交代清楚，如：我单位本年度的工作目标如下。(可用几句话表述，也可逐条列举)

一、××××××

二、×××××××

三、××××××××××

……

第二部分写为实现上述目标，我们将采取如下措施。

一、××××××

二、×××××××

三、×××××××××××

……

第三部分交代将按如下几个步骤开展工作。

一、××××××

二、×××××××

三、×××××××××××

……

另外，计划的行文结构还可在此基础上进行变通。如把目标逐条分开，先写完成第一个目标要采取的措施和实施的步骤，再写第二个目标。对于第二个目标，也是先写完成它采取的措施和实施的步骤后才写第三个目标，依此类推。

这两种行文结构需要根据内容来确定。相对来说，第一种行文结构用于宏观计划，而第二种行文结构则用于将各项目标的情况、具体计划交代清楚。

(3) 结尾。计划的结尾部分可以是突出重点，或强调有关注意事项，或发出简短号召。

3. 落款

在正文右下方标注制订计划的单位和日期。上报或下达的计划应加盖公章。

需要注意的是，制订计划的基础材料要准确、客观，所定的任务指标要留有余地，语言要朴实。

（三）计划例文

📖 年度工作计划例文：

××市政府 2017 年工作计划

2017 年，我市将在市政府、党委正确领导下，以党中央的十八大精神为指针，坚持以科学发展观指导工作和建设，紧紧围绕为全市地方经济大发展创造良好、安全环境的总目标，以保障和改善民生为着力点，以推进信息化建设为载体，以加强执法规范化建设为重点，以构建和谐的警民关系为支撑，求真务实，改革创新，真抓实干，为服务经济社会发展、维护社会和谐稳定作出新贡献。为此，我市政府特制订如下工作计划。

一、加快城镇化建设步伐，努力改善硬件环境

一是按照全镇整体规划设计进一步充实小城镇化内涵，建立以驻地为中心，以两大工业集中区和优质蔬菜生产基地为辐射点的金三角，形成初具规模的小城镇框架；二是加大投入力度，通过各种途径尽力争取建设项目和资金，开源节流，千方百计增加财政收入，充分调动社会资金，加快建设；三是重点抓好基础设施建设，对驻地主干道两侧进行进一步的综合治理，搞好驻地绿地、亮化建设；四是投资 25 万元，完成对文化中心的扩建工程，投资 40 万元对庄户剧团进行升级，着力提升全镇文化品位，为群众提供丰富多彩的精神食粮。

二、积极营造稳定和谐的社会环境

一是要进一步抓好市委书记大接访活动，认真落实稳定工作责任制，进一步完善领导包案、接访责任制和群防群治网络体系，积极主动解决好群众反映的问题和困难，把各种矛盾化解在萌芽状态；二是……；三是……；四是……

三、继续大力加强农业和农业基础设施建设工作，增加农民收入

一是……；二是……；三是……；四是做好农产品的宣传和推介工作。

四、加强招商引资工作

一是……；二是……；三是……；四是……

2017 年我市将全面贯彻党的十八大精神，以邓小平理论和"三个代表"重要思想为指导，深入贯彻落实科学发展观，按照"高举旗帜、围绕大局、服务人民、改革创新"的总要求，解放思想、实事求是、与时俱进，贴近实际、

贴近生活、贴近群众，以深入学习贯彻科学发展观为主线，以社会主义核心价值体系建设为根本，以创建文明行业为目标，以提高职工思想道德素质为目的，以弘扬"乐于奉献、艰苦奋斗、严谨务实、不断进取"精神为重点，以群众性精神文明创建活动和学习宣传先进典型为载体，以优异的成绩迎接中华人民共和国成立 64 周年。

××市人民政府

2016 年 12 月 5 日

📖 生产计划例文：

××公司生产部门工作计划

新年伊始，为配合公司的发展规划，方便各项工作的顺利展开，制订此工作计划。

一、制定完善各项规章制度

结合生产实践，制定完善生产部的各项规章制度、设备操作标准、各工序作业指导书等，为日后的生产管理提供依据。

二、加强劳动纪律，促进管理工作

……

三、实现全年安全生产

1. 人员安全：安全生产全年目标——无重大生产设备事故，无重大事故隐患，把工伤事故发生率降至最低。

主要措施：①加强对员工的安全生产培训；②培养员工安全生产的意识，了解安全对公司生产及个人的重要意义；③定期检查车间生产安全隐患并及时排除，最大限度地减少潜在的危险因素。

2. 质量安全：对产品加工过程进行严格监控，避免私自添加、更改等行为，以免造成质量安全事故。

四、稳定产品质量，提高成品率

实现无大批量产品报废，降低产品次品率和报废率。

主要措施：①严格按照生产作业操作；②加强员工对质量检查的培训，牢记产品检查的重点、要点；③建立操作人员、主管的日检查制度；④增加产品入库前检查，保障产品的入库质量；⑤组织重要岗位和负责人定期进行学习和技术交流，改善加工工艺，优化加工程序，提高产品质量，使产量再上新台阶。

五、生产成本控制

······

六、人员管理

1. 人员培训：定期对员工进行规章制度、操作标准等的培训，更好地执行各种制度，严格生产管理，保证产品质量安全。

2. 各岗位人员绩效考核：完善本部门绩效考核制度，以及各岗位人员的绩效考核标准，实现绩效与产量和产品质量挂钩。

3. 减少人员流失：配合厂部的福利及优惠政策，留住老员工，发展新员工，为公司扩建和新厂建设做好人员储备工作。

××公司生产部门

2017 年 2 月 19 日

📖 个人学习规划例文：

大学生涯规划书

古人云："良好的开端是成功的一半。"大一学年已经结束，虽然没有完成一件像样的任务，但我还有希望，因为大学生活还有三分之二。人人都知世上无后悔药，能带给我安慰的莫过于选秀节目中的"复活"一词，它告诉我还有"复活"的机会。因此，我从三个方面规划接下来的两年大学生涯。

一、学业方面

学习不仅是为了今后的工作，最重要的是它能让你终身受益。学生最首要的任务就是学习，抛开学习一切都无从谈起。作为新闻专业的学子，社会对我们寄予厚望。

我的目标是成为一名优秀的记者，但那些著名的记者哪一个不是博学多才的？这意味着我必须博览群书，为今后步入社会能独当一面做好充分的准备。英语四级考试虽与学位证无关，但作为一个记者，英语水平至少要达到四级。还有计算机等级考试，在这个数字化、信息化的时代，对计算机的技能要求越来越高，远非计算机基础知识就可应付，因此，我必须考取计算机二级证书。对以上目标，我做如下设计。

1. 大二学年

第一，多读书。不仅是专业书籍，还包括文学方面的书籍。每月至少读一本书。

第二，通过英语四级考试。第一学期若未能通过，还有第二学期一次机会。在备考时，重点练习听力、阅读、写作。坚持每天早起听半小时英语听力，晚上阅读两篇英语文章，一周写一篇英语作文。

第三，通过计算机二级考试。大一唯一值得欣慰的是我通过了计算机一级考试并获得证书，但当今社会，一级证书早已无竞争优势了。考取计算机二级证书是势在必行。备考时注重练习，多做多练，熟能生巧。

第四，争取在院报、系报上多发新闻稿。寒、暑假期间在本区媒体报社参加社会实践，巩固所学的专业知识，向工作人员学习。

2. 大三学年

第一，证书大攻破。大三第一学期课程相对较少，可以完成之前计划但未完成的证书的考取。如普通话等级证书、公关员证和记者证。

第二，认真实习锻炼。选择自己意向的媒体单位参加毕业实习，认真做好实习单位交代的每一项任务，把自己的真诚、敬业精神和才华展示给实习单位，就算未被录用，但也能达到锻炼的目的。

二、为人处世方面

第一，改掉自己做事急躁的坏毛病，不与同学发生冲突。

第二，尊重身边的每一个人，用一颗真诚的心去对待他们，不计较利益得失。向学习、工作优秀的同学、校友学习。

第三，抓住每一个锻炼机会，全力以赴完成学院、系、班级所交给的任务，多为集体做一些力所能及的事。

三、生活方面

大学生活多姿多彩，在这里应该活出滋味。因此，除学习和工作外，我要给自己选择一个快乐的生活方式。

第一，常锻炼身体。打篮球是我的爱好，为锻炼出强壮的体魄，每周至少打三次篮球，每次一个半小时。

第二，多与家人和同学联络，告诉他们我的快乐和烦恼。有所倾诉，才能保持身心的健康。

有梦想就有希望，不敢说我的大学生涯规划能够一一兑现，但却是我的梦想。有它的指引，我至少不会偏离轨道，能取得部分的成绩，哪怕只完成其中的某几个任务也算是成功，总比无规划时的一塌糊涂强吧。

最后，祝愿自己能把曾经失去的补回来，最终如愿以偿！

李茂云

2016 年 6 月 11 日

二、策划

（一）策划的含义

根据已经掌握的信息，推测事物发展的趋势，分析需要解决的问题和主、客观条件，在行动之前，对指导思想、目标、对象、方针、政策、战略、策略、途径、步骤、人员安排、时空利用、经费开支、方式手法等做出构思和设计，并形成系统、完整的方案，这就叫做策划。策划一般分为商业策划、创业策划、广告策划、活动策划、营销策划、网站策划、项目策划、公关策划、婚礼策划、医疗策划等。

（二）策划的写法

策划与计划的结构大体相同，包括标题、正文和落款三部分。

1. 标题

标题包含单位名称、时限、内容和文种。

2. 正文

正文是策划的主体部分，一般由前言、主体和结尾组成。

(1) 前言。简要概括基本情况并指出策划的依据以及要努力达成的目标。

(2) 主体。无论采取什么形式，策划的主体部分必须体现"做什么"与"怎么做"的逻辑关系。主体包括：目的和任务，这部分要明确写出策划要达到的目标、指标和要求，这是策划"做什么"的部分；措施和步骤，这部分要详细说明完成任务的具体措施、行动步骤、时间分配等，这是阐述"怎么做"的问题。

(3) 结尾。一般是提出希望、发出号召、展望前景等，结尾部分根据行文需要可以省略。

3. 落款

注明制订策划的单位名称和日期(如果在标题中出现过单位名称，在结尾处可省略)。

(三) 策划例文

"师恩情深，感谢有您！"教师节活动策划

一、活动目的

本次活动提倡学生用朴素的行动、自由多样的形式表达对老师的真情和感谢，发扬尊师重教的光荣传统，使学生学会向师长感恩，感恩老师的爱心，感恩老师的劳动，感恩老师的教诲。同时通过这次活动加强师生之间的交流，增进师生感情，构建更为和谐的师生关系。

二、活动主题

"师恩情深，感谢有您！"教师节感恩系列活动。

三、活动内容

1. 开展"爱要说出来"活动

要求在 9 月 10 日教师节当天，上课时学生们统一大声说："老师，您辛苦了！老师，我们爱您！"

2. 开展"老师，我想对您说——"活动

要求各班班长、团支部书记积极行动起来，深入到学生中间，广泛收集教师节时学生们最想对老师说的话。

各班委用卡纸设计教师节感恩树，上面写有"师恩情深，感谢有您"和"老师，我想对您说——"字样，并与班主任商议将卡纸张贴于教室内(也可在教室后面的黑板上画出感恩树，并将纸条当作树叶贴到感恩树上)。9 月 9 日晚自习后，各班级学生将想对老师说的话写在各自设计的彩色纸条上，然后将纸条当作树叶贴在"感恩树"上。

3. 开展"祝福送恩师"活动

要求各班班长、团支部书记认真发动、积极准备，号召学生在 9 月 10 日当天用朴素、多样的形式表达对老师最真诚的感谢。

各班团支部、班委独立组织开展以班级为单位的感恩教师活动。提倡自己动手，鼓励积极创新，以表达心意为主，反对铺张浪费和相互攀比。

四、预期效果

(1) 激发学生们的创新潜能和对老师的感恩之情，加强师生交流，增进师生感情。

(2) 为学生提供一个提高自我创新意识、增强团队合作精神的平台，让学生们拥有更多综合素质拓展的机会。

×××× 学院

2020 年 8 月 30 日

📖 **实例实践**

1. 请根据你的情况写一份下学年的学习计划。
2. 结合班里的实际情况，策划一次班级联欢晚会。

第二节　总　　结

一、总结的含义

总结是对某段时间的社会实践活动进行全面回顾、分析评价，理性地概括经验教训，明确以后的努力方向，以指导今后工作的一种事务文书。

与计划一样，总结虽不被列入公文文种中，但在党政机关、社会团体、企事业单位中都经常使用。

总结具有实践性、理论性、真实性、指导性等特点。

总结主要按内容、范围、时间来分类。按内容分有工作总结、教学总结、学习总结、思想总结等；按范围分有地区总结、单位总结、班组总结等；按时间分有年度总结、月份总结等。

二、总结的写法

总结一般由标题、正文、落款三部分组成。

(一) 标 题

总结的标题有多种形式，最常用的是四项式标题，即公文式标题，由单位＋时间＋内容＋文种构成，如《××学院 2017 年党建工作总结》。

总结的公文式标题很常见，各部门的常规工作总结多用这种标题。这种标题的四个要素可据情况省略单位或内容等要素。如《某年度学习总结》《某年度工作总结》《某年度总结》等。

总结还可采用文章式标题，介绍经验的总结时常采用这类标题。如《内外兼修，争创名校》《科教为民，人才兴市》等。此外，还可采用正标题与副标题的形式，如《勤奋守纪，求实进取，共建优秀班集体——××学院人文艺术系 12 级文秘(1)班工作总结》。

(二) 正 文

总结的正文一般要写出四个方面的内容：一是基本情况；二是成绩和做法；三是经验和教训；四是今后计划。这四个方面的内容可以分为总结的开头、主体、结尾三部分结构。

(1) 开头。开头部分主要是概括基本情况，包括单位名称、工作性质、主要任务、时代背景、指导思想，以及总结目的、主要内容提示等。写作时简明扼要地写出即可。

(2) 主体。主体部分主要是写成绩和做法，经验和教训。有些总结在写经验教训的同时交代今后应该怎样做。这部分内容较多，需注意层次分明、条理清楚。如成绩与做法、经验经常是这样开头："一年来，我们在工作中深切体会到……"；在成绩、经验与不足之间常用"一年来，我们虽然取得较大的成绩，积累了许多经验，但还存在一些不能忽视的不足，主要表现在以下几个方面"来过渡。

(3) 结尾。结尾部分主要是在总结经验教训的基础上，提出今后的计划，表明决心。这部分篇幅不长，简短有力地写出即可。

（三）落款

在正文右下方写明单位名称、部门名称或个人姓名。在单位名称或个人姓名下行写总结的日期。

三、总结例文

☞单位工作总结例文：

××学院2017年学生工作总结

2017年，××学院紧密围绕学院中心工作，在学院党委的统一部署下，结合学院学生专业实际，继续坚持以学生的全面成长、成才为目标，秉承"以人为本、务实创新"的学生工作理念，积极优化育人环境，努力提高学生工作队伍的管理水平和服务水平。现将一年来所做的几项大的学生工作总结如下。

一、扎实做好日常教育管理工作，确保学院的安全稳定

2017年，在辅导员严重短缺的情况下，充分发挥班主任、学生干部和学生党员的作用，扎实做好学生的奖、助、贷、减、补等基础性工作以及心理健康教育工作。截止到目前，没有发生一起大的安全事故。

二、圆满完成2017年毕业生就业及离校工作

经过全院教师和毕业生的共同努力，学院顺利送走2017届3000名毕业生，圆满完成毕业生离校工作。毕业生就业率达94.8%，签约率达83.5%，均达到学院既定的目标。

三、顺利完成2017年的迎新工作及新生入学教育

2017年全院共招收新生2830人。由于新生分布在两个校区，给迎新工作带来极大的困难。通过学院精心安排与组织，确保新生到校平安、入学顺利，并就校区的安排给新生及家长做好解释工作。新生入学后，学院因势利导，跟进做好专业教育、安全教育、学业规划指导等入学教育内容，使学生学习、生活顺利走向正轨。

四、成功举办以第六届艺术节为主要内容的校园文化体育活动

(1) 5月4日至9日，××学院开展"五四青年画展"；

(2) 5月20日学院第十届学生运动会如期举行；

(3) 6月成功组织学生演讲比赛；

(4) 9月顺利举办迎新生文艺晚会；

(5) 11月至12月,成功举办校园文化品牌(第六届传媒人艺术节)各项活动。

在这一系列的校园文化体育活动中,我院主要采取尽早宣传、精心组织、调度有序、保障到位的做法,较为成功地举办了上述活动,达到了既定的效果。

五、协助教学部门做好学生的专业实习与专业分流工作

六、抓好学生党团支部建设,创先争优取得良好成效

一年来,我们虽然取得较大的成绩,积累了许多经验,但还存在一些不能忽视的不足,主要表现在以下几个方面。

一、辅导员配备不足,队伍也不稳定。辅导员大部分时间在办公室处理事务性工作,深入学生宿舍和课堂的时间和精力严重不够,对于"问题"学生的谈心工作也做得不够充分。新校区2016级的辅导员一年之内换了4人,学生意见较大。

二、学生的校外参赛成绩尚待提高,取得的成果和大奖较少。学院正考虑制订激励机制,鼓励教师加大指导学生参赛力度,提高学生的参赛面,力争做出好成绩。

三、艺术类学生的学风(自由、散漫、自主学习动力不足等问题)建设有待进一步加强,因此,如何加强学风建设的工作思路、措施和手段方法有待思考和创新。

四、学院教务管理系统和学生管理系统在配合上还需进一步加强,使教务、学工、后勤、招生就业等部门协调统一,便于学生教育管理工作的开展,以提高效率,少出差错,少做重复性工作和无用功。

总之,一年来,我院在学生工作上取得了较大成就,积累了许多宝贵经验,但存在的问题不容忽视。以后,我院当全心全意做好学生工作,继续保持和发扬成功经验,解决存在的问题,争取在新的一年中再创佳绩。

××学院

2018 年 1 月 12 日

☞岗位工作总结(个人工作总结可参看此文):

办公室文员 2017 年工作总结

办公室文员工作是我从事的第一份工作,是我职业生涯的一个起点,我十分珍惜这份工作,并尽最大努力去适应这一岗位。现在就 2017 年的工作情况总结如下。

一、以踏实的工作态度，适应办公室工作

办公室是企业运转的一个重要枢纽部门，在企业内外处于上下连接的重要位置，因此，工作繁忙而复杂。每天除本职工作外，我还需经常处理紧急的临时事务，导致常是忙碌一天而原计划完成的任务却未完成多少。然而，当天工作也不能耽搁，因此常需加班或回到家中"补课"。

由于办公室人手少，工作量大，特别是企业会务较多，这就需要部门员工团结协作。在 2017 年里，遇到各类活动与会议，本人都积极配合做好会务工作，与同事心往一处想、劲往一处使，不顾个人利益得失，力求把活动、会议圆满办好。渐渐地我有所体会，那就是在文员岗位上必须做到以下几点：一是认真勤快；二是态度端正，有真诚服务之心；三是力求部门团结合作。

二、尽心尽责，做好本职工作

(1) 公文传阅归档及时。文件的流转、阅办严格按照企业规章制度及标准化流程要求，保证各类文件拟办、传阅的时效性，并及时将上级文件精神传达至各基层机构，确保政令畅通。待文件阅毕后，负责文件的归档、保管，以便以后查阅。

(2) 下发公文无差错，做好企业文件的分发工作。本人平时负责文件的拟稿、修改、附件扫描，正式文件的分发，发送电子邮件等工作，还需协助各部门发文的核稿工作。

(3) 编写办公会议材料，整理会议记录。每个月末对各部门月度计划的执行情况进行核对，催收各部门月度小结、计划，并拟写当月工作回顾。整理办公会议材料并汇编成册，供领导参考。办公会议结束后，及时整理会议记录，待领导修改后，送至各部门传阅。

在此过程中，培养了我认真、仔细的工作习惯，这是我最大的收获。

三、督办工作力度到位

督办是确保企业政令畅通的有效手段。过去一年，我作为督办小组的主要执行人员，在修订完善督办工作规程，并以文件形式将督办工作制度化后，通过口头、书面等多种形式加大督办工作力度，抓好企业领导交办与批办的事项，以及领导交办的临时性工作等，并定期向领导室反馈，及时将领导的指示传达下去。

对于下级机关的请求，我也做到及时向领导反映，及时传达领导指示和处理进度。

过去的一年，我在成功完成本职工作的同时，还提议和组织单位的中秋爬山活动、公司年末座谈会，为增强公司的凝聚力贡献了一份力量。但因刚刚从事文员工作，还存在缺点和不足，主要表现在工作总体思路不清晰，处于简单应付完成状态，对事情的临场应变处理得不好。工作的热情和主动性还需提高，甚至有时需领导催促方紧张着手，造成工作上的被动。

总之，在新的一年来临之际，我将更加努力，尽职尽责地完成本职工作，不断积累经验，改进不足，争取在新的一年中有更大的进步和优异的表现。

李茂云

2017 年 12 月 23 日

 实例实践

请根据上述总结的写法并参看例文，结合你个人的实际情况，写一篇上学年的学习总结。

拓展阅读

大学生个人学习总结

进入高等学府深造，成为一名跨世纪大学生，这是我儿时以来的愿望和梦想。在跨入国立华侨大学校门的那一刻，我儿时的理想终于实现了，也圆了我的大学梦。大学里浓厚的文化气息和广阔的自由天地让我有了更好的发展机会和空间。我就像一块渴水的海绵，贪婪地吸收着知识；就像一只久困的鸽子，在广阔的天空中自由飞翔。正是从那时起，我便立志要成为一名思想上进，政治合格，素质过硬，在德、智、体诸方面全面发展的合格的大学生。四年来，我不断朝着这个目标努力学习，踏实工作，努力提高自身素质，德、智、体全面发展。

回顾这四年来的大学生活，本人深感在各个方面都得到锻炼和发展，特别

是在党、团组织领导的帮助下，本人的学习成绩、政治理论水平都有了进一步的提高。

一、思想政治方面

一个人无论成功与否，他首先必须是一个思想正派的人，一个爱国的人。我深深地意识到：要成为一名合格的大学生，必须从培养和提高自身思想素质开始。只有树立了正确的人生观、价值观，树立了为人民服务，为社会主义事业奋斗终生的远大志向，才能为大学四年以及今后的学习工作指明方向，提供动力。因此，我在刚入学不久的 2017 年 10 月便向敬爱的党组织郑重递交了入党申请书，并从那时起，我就以一名党员的标准，严格要求自己，以党员的标准规范自己的学习和工作。针对自己思想政治素质和理论水平不高的问题，我在日常的学习工作中认真学习党的各项方针政策，研读各种马列专著，领会和总结毛泽东思想、邓小平理论在实践中运用的原理，并通过参加华侨大学党校和系定期的党章学习小组，使自己的政治理论水平有了显著提高，使自己从思想上逐步成熟起来。在 2019 年 5 月被评为"2018—2019 年度校优秀共青团员"和 2019 年度系"优秀学生干部"荣誉称号。经党组织严格审查，我被批准于 2019 年 12 月 28 日光荣地加入中国共产党。入党后，我严格遵守党的章程，时刻记住自己是一名共产党员，更加严格地要求自己。按期交纳党费，定期向组织汇报思想。在同学当中，充分发挥党员的先锋模范作用，从课堂学习到课外生活再到社会工作，都努力做到严于律己、乐心助人、尽职尽责。经过不懈的努力，本人于 2020 年 5 月再次被评为"2019—2020 年度校优秀共青团员"以及 2021 年 5 月被评为"2020—2021 年度校优秀党员"。

四年来，国际形势风云变幻，国内外敌对势力发动了多起反华攻势。北约悍然轰炸我驻南斯拉夫大使馆，法轮功邪教组织危害社会及李登辉叫嚣"两国论"等，作为一名新时代大学生，在中国驻南斯拉夫大使馆被炸事件中，为强烈抗议美国暴行，我加入到华大同学游行抗议的队伍中。法轮功蔓延全国之际，我能认清其本质，与法轮功作斗争。我坚决拥护党中央的各项决策，决心加倍努力学习，为祖国的富强贡献自己全部的力量。

二、专业理论学习方面

学生以学为本，大学时代的学习积累是一个极其重要的基础，它甚至会影响人们一生的学习与工作。因此，学习依然是大学生的首要任务，我清楚地意识到，作为一名合格的跨世纪大学生，必须具备丰富的科学文化知识和过硬的专业技能。因此，"刻苦""认真""努力"成为我学习上的座右铭。通过与同学进行经常性的学习经验交流，并虚心向老师和同学请教，不断改进学习方法，使自己的成绩不断进步，顺利地通过了国家计算机二级和国家英语四级考试。由于学习成绩优秀，我曾三次获得校优秀学业奖学金。在加强自身理论学习的同时，我还注重动手能力的培养，坚持理论联系实际，积极参加课外科技竞赛，在 2020 年福建省第二届大学生点子设计竞赛中获得优秀奖。此外，本人还积极参加假期社会实践活动，并且荣获"华侨大学 2018 年度暑期社会实践积极分子"称号。

三、社会工作方面

四年来，我积极参加各项社会工作。作为一名学生干部，在我看来，如果不能实实在在地为同学做些实事，就是对同学也是对自己的不负责。因此，在工作中，我时刻不忘作为学生干部应为大家服务的思想，尽自己所能做好本职工作。

作为院系主要学生干部，在我先后担任班级团支部书记、系团总支组织部长、系学生党支部宣传委员、信息学院 2017 年度团总支部书记期间，除了处理好日常事务外，我还尽自己所能，为同学办些实事。工作大胆而且有自己的思路。组织郊游活动增进同学间的了解；组织迎新晚会欢迎新入学的同学；举办业余团校增强团员对团的认识；开展民主生活会促进同学间的思想交流。在我系承办"象牙塔"杯乒乓球赛、"联通杯"排球赛、国庆 50 周年游园等活动中出色完成任务。在我的倡导下，我们系与华大附中结成共建单位，全系同学捐款资助附中两位生活上有困难的同学。本着服务社会的精神，我还定期组织系里的学生干部到华大老人院维修电器和打扫房间等义务劳动，受到系领导和老人院院长的好评。在日常生活中，我关心同学、团结同学，主动帮助有困难的同学，利用课余时间为同学补课。我时刻注意自己的榜样作用，处处带头，发挥党员的先锋模范作用。在处理班级事务方面，我始终认为"应和班委打成一片，和广大同学打成一片"，在团结大家的同时，以自己的行动去影响周围的同学。在我和班委的组织带动下，不论是灾区募捐还是义务献血，不论是参加青年志愿者还是其他集体活动，我们班同学都是个个争先，踊跃参加。班委还时常帮助班里个别在学习、生活上有困难的同学，不使他们游离于班级这个大家庭之外。在全体班委的努力和同学们的配合下，我班于 2019 年 5 月被评为校"先进班级"和"先进团支部"。我本人也被评为 2018—2019 年度系"优秀学生干部"。

在我校开展的"创建文明校园"活动中，作为一名党员，一名学生干部，同时也作为华侨大学的普通一员，我充分认识到了创建"文明校园"活动的意义重大。自己首先能从思想上给予充分重视，在活动中以实际行动，认真履行党员义务和学生干部的职责，起到模范带头作用。我所在的宿舍也被评为华大十佳宿舍，得到老师与同学的肯定，我被评为 2020—2021 年度校"优秀共青团干部"。

我们作为跨世纪的一代大学生，应当摆正自己的位置，立志成才，肩负起跨世纪的重担，勇攀知识高峰，把报效祖国的远大志向作为发奋学习的强大动力，增强自己的时代感、光荣感、使命感，才能无愧于社会，无愧于人民，无愧于迎接我们的这个伟大时代。

(资料来源：选自《文秘范文》，有改动)

评析：这是一篇格式规范的个人总结。开头点明背景，简明扼要地交代总结的主旨，作出基本评价，给人以总体印象。主体分思想政治、专业理论学习、社会工作三方面来写，并且每一部分依次先写认识、态度，阐述依据；再写具体做法；最后写取得的成绩，条理清楚，逻辑性强。结尾收束全文，表明决心，照应开头，简短精练。通篇结构完整、严谨；材料翔实，观点和材料统一；条理清楚，语言简洁。

单元练习题

一、填空题

1. 计划和总结在写作时间上不同，计划往往在_____行文，而总结往往在事后行文。

2. 策划与计划的区别是_____不同，过程不同，要求不同。

3. 策划的灵魂和核心是_____。

4. 带有全局性、长远性、方向性的计划是_____。

5. 总结的材料是自身实践的过程和结果。必须用第_____人称。

二、判断题

1. 计划一般围绕"为什么做""做什么""怎么做"和"什么时间完成"几个方面来制定。（　　）

2. 策划具有前瞻性特征，因此一定要尽量全面地进行事前的调研活动。
（　　）

3. 写总结的主要目的是回顾工作成绩，树立今后的工作信心。（　　）

4. 专题活动策划书的主题应该遵循"单一性"原则。（　　）

5. 事务文书包含了日常生活中很多常用的文种，公告就是其中之一。
（　　）

三、改错题

××中学新苗文学社计划

为全面贯彻教育方针，落实学校关于大力开展课外学科小组活动的意见，我社制定活动计划如下。

1. 本学期举办文学作品欣赏两次，写作技法讲座两次(由语文组辅导老师负责)，读书札记交流一次。

2. 组织一次秋游，一次外出采访活动。

3. 本社成员每周练笔不少于两篇，从中选出优秀习作向省市报刊推荐；一学期发表的习作不少于五篇。

4. 积极参加省市级作文竞赛、演讲比赛、读书活动竞赛，力争拿到名次。

5. 与兄弟学校文学社团加强联系，10月份组织部分社员外出取经。

6. 学期结束，评选优秀社员；做好补充新社员工作。

2014 年 9 月

四、写作题

1. 选择一个你一直想实现的愿望，然后写一份计划，无论你的这一愿望最终能否实现，这份计划一定要有可操作性、可行性。

2. 认真回顾大学学习生活，深入分析自己学习生活上的经验和不足，确定以后努力的方向。

提示：

(1) 总结要做到有观点、有材料，观点是从材料中挖掘出来的，又通过材料来表现，必须做到观点和材料统一，情况与分析统一。

(2) 对材料的叙述要详细。

<h1>第四章　职业文书写作</h1>

　　职业文书是个人或单位在职场为传递、沟通、交流职场情况和求职应聘所使用的应用文书。它主要包括职业规划书、求职信、个人简历、述职报告等。

　　本章主要介绍求职信的写作、个人简历的制作等内容。通过本章的学习，要求学生掌握求职信的写作方法以及个人简历的制作方法，并能根据自己的情况写求职信，制作个人简历。

<h2>第一节　求职信的写作</h2>

<h3>一、求职信的含义</h3>

　　求职信是以自我介绍的形式向有关用人单位申请某个职位的一种专用书信，亦称"自荐信"和"应聘书"。自荐信带有"投石问路"的性质，是在不知对方是否有职缺时，主动向某单位介绍自己的情况，自我推荐、申请某种职位的求职信。应聘书带有"投其所好"的意味，是根据对方的招聘广告或者其他渠道得知的有关消息，在已知对方某些职位有空缺时向对方递交的求职信。

　　求职信是一种随着社会经济的发展而产生的新的应用文体。求职者与用人单位见面之前，通过书面方式给对方一种最初印象，一个总体了解，这便是求职信的作用。随着改革开放的不断深入和经济的快速发展，人才的流动日益频繁，求职已成为一种社会化的活动。在美国、日本等经济发达国家，通过求职信而获得的就业机会约占全部求职机会的 25%。求职信在某种程度上来说，比面试还重要，一封求取信的好与坏会影响求职者能否得到面试机会。

　　求职信写作时要具有针对性、展示性和独特性。

　　(1) 针对性：有双重含义，首先是针对用人单位和具体职位，从用人单位的角度出发考虑问题是使求职信产生积极效果的重要方法；其次是针对自己的从业倾向和实际能力，"知彼知己，百战不殆"。

(2) 展示性：要恰当地推销自己。求职信是沟通求职者与用人单位的一种媒介，在相互不熟悉、不了解的情况下，求职者要善于推荐自己，并恰如其分地表现自己，用自己的成绩、特长、优势，甚至用个性、"闪光点"吸引对方，使对方在未曾谋面的情况下，产生一种心动的感觉。

(3) 独特性：内容和形式的不同一般。求职就是竞争，要想在竞争中取胜，必定要出类拔萃，不同一般。这一点在求职信中不仅可以通过展示内容(诸如思想、实力等)来体现，也可以通过独特的表达(如结构的安排、语言的风格等)显示出来。

二、求职信的要素

求职信的写作包括以下四个要素。

(1) 求职目标：即求职者要求到什么公司或什么单位工作，想干什么工作，这一点必须明确，决不能模棱两可。

(2) 求职缘起：交代求职的理由，说明为什么要到该公司工作，想获得那份工作的原因是什么。回答这个问题时，要简洁，不要啰唆，既要实事求是，又要机智灵活。

(3) 求职条件：这是求职的关键。写作时，要善于扬长避短，针对求职目标，表现自己的主要业绩和优势，在陈述自己求职条件的时候，一定要恰如其分。过于卑怯，读信人会认为求职者没有信心，缺乏进取心和创造力；一味浮夸，读信人会觉得求职者不切实际，做事不踏实。

(4) 附件：这是附在信末的，对求职者起着证明或介绍作用的有关材料。它包括求职者的个人简历、所学专业课程一览表、各门课程的成绩一览表、发表的论文或论著，单位、学校或某个教授、专家的推荐信等。附件在求职信的写作中具有重要意义。它不仅让读信人对求职者有具体的了解，还可增强对求职者的信任感。

三、求职信的写作

求职信一般由六个部分组成：称呼、开头、正文、结尾、署名和日期、附件。

（一）称呼

称呼是对读信人的称谓。由于读信人是公司或单位的负责人，故可直呼对方为"×××公司负责人""×××厂厂长""×××企业经理"等。求职信不同于一般的私人书信，故称呼时应注意，不要用"亲爱的""我最尊敬的"等字眼。为了礼貌起见，可用"尊敬的×××"来称呼。

（二）开头

一般书信的开头为问候语，但是求职信的开头可直截了当地说明自己写信的目的，表述时应简洁，并能吸引读信人看下去。

（三）正文

正文是求职信写作的重点，一般交代求职的原因，应聘、应征的条件，尤其要注意表现自己的主要成绩，突出自身优势。

（四）结尾

结尾主要是强调求职者的愿望和要求。

（五）署名和日期

署名和日期要认真书写，不能潦草马虎。

（六）附件

如前所述，附件是选用的证明材料，应有必要的签名和盖章。

四、撰写的要求

求职信的撰写要求如下：

（一）深入了解，投其所需

应该采取换位思考的方法，通过分析用人单位提出的要求，了解对方的需要，然后有针对性地提供自己的背景资料，表现出自己独到的智慧与才干。用人单位不一定需要"最好"的员工，但一定需要"最适合"某个岗位的员工。要有清醒的自我估价，确定自己属于哪个档次，然后决定向哪个水平的职位挑战。每份求职信均应根据自己所申请的职位而量身定做，不要试图用一封千篇一律的求职信"包打天下"。

(二) 把握关键，重点突出

据求职的目的来布局谋篇，把重要的内容放在篇首，对相同或相似的内容进行归类组合，段与段之间按逻辑顺序衔接。从读信人的角度出发组织内容，谈"闪光点"切勿空泛，要落到实处，如：说成绩优秀，不如说所列名次；说有社会经验，不如说参加何种调查、实践；说组织能力强，不如说组织过何种活动；说表达能力强，不如说参加过何种辩论赛或发表过哪几篇文章。

(三) 如实自荐，以诚动人

实事求是地推销自己，这是写作求职信时应遵循的原则，既不能过分自信、目空一切，也不能一味谦逊，畏首畏尾。每介绍一段经历、一项业绩或提出某项目标、措施，都必须有据可依、恰如其分，使人信服，用成就和事实代替华而不实的修饰语。要如实地写出自己选择某项工作的原因，或者是为了发挥某项专长与特长，或者是为了照顾家里的父母，或者是受对方单位的某些优越条件的吸引等。诚实永远是人们所追求的最美好的品质，更是用人单位来衡量求职者的重要标准。

(四) 以情感人，引发共鸣

揣摩对方心理，衡量彼此关系，采取相应对策，表述合情合理，设法引起对方共鸣，得到对方赞许。如果对方单位在自己家乡，则可充分表达为建设家乡贡献聪明才智的志向；如果对方单位在贫困地区，则可充分表达为改变贫困地区面貌而奋斗的决心；如果是通过亲友、熟人联系工作单位，则要动之以情，引起对方对往昔纯洁友谊、共同志趣的美好回忆。应适当地选用一些谦词、敬词，如"恳请""敬请""您""贵公司"等，以表达尊重之意。

(五) 朴实稳重，谦逊得体

行文语气不能过于主观，过分自信。要尽量避免使用"我(本人)认为""我觉得""我感觉""我相信""我看""我想"等字眼说明观点，也忌用"我非常希望""我真的喜欢"之类的强调语气，陈述业绩时最好不用"我"字。学校和专业应写全称，不要胡乱简写、省写。

(六) 篇幅适宜，文笔生动

篇幅过长，陈述过分详细，则可能淹没重点，使招聘人望而生畏，难以细看；篇幅太短，陈述过于粗略，则可能遗漏必要的信息，难以完整而充分地展示自己的亮点。内容既要充实又要简洁，最好以 1 或 2 页(600～1000 字)为限。要注意语言鲜活，充满生气，富于变化，充分利用恰当的辞格、凝练的成语和生动的口语，使表述文情并茂。文面要整洁，布局要大雅，字迹要工整。

五、求职信的写作技巧

撰写一封得体的求职信可能是求职者在寻找工作时遇到的棘手问题之一。在求职的过程中，体现个人才智并且文辞精美的求职信，有助于求职者谋求到一份理想的工作。因此，写求职信，力求做到"情""诚""美"兼备，以"情"感人，以"诚"动人，以"美"迷人。

以"情"感人：人际关系是人与人之间情感的凝结。在人们的相互交往过程中，有以血缘为基础的家庭式情感，有以志向或义气为基础的朋友式情感，有以地缘为基础的邻里和老乡式情感，还有以利益为基础的互惠式情感。这种情感贯穿人际交往活动中。作为求职者，在彼此较为陌生的情况下，要以情感人，关键有两点：一是把握用人者的心理，投其所好；二是寻找共同点，引起共鸣。

以"诚"动人：求职信的"诚"主要表现在"诚意"和"诚实"两层含义上。"诚意"就是要求态度诚恳，不能夸夸其谈。"诚实"就是要如实地写出自己想从事某项工作所具备的条件，以及选择某项工作的原因，或者是为了发挥某项专长与特长，或者是为了照顾家里的父母，或者是受对方单位的某些优越条件的吸引，等等。诚实永远是人们所追求的最美好的品质，更是用人单位衡量求职者的重要标准。

以"美"迷人：一封情文并茂的求职信，往往会让人爱不释手。要使信写得"美"，应力求做到语言饱含感情。在求职信中，适当地选用一些谦词、敬词，如"恳请""敬请""您""贵公司"等，以表达和谐、亲切、相互尊重之意。语言要富于生气，要善于运用成语和口语，使语言表达更精湛、凝练、精辟、形象、上口。

六、求职信经典例文

☞ 例文一：

求　职　信

尊敬的董事长××先生:

　　您好!

　　近日有幸获悉贵公司的招聘员工的消息,谨致此信以求应聘××一职。

　　我目前就读于××学院机电工程系,是该院机电工程系大三学生。下面请允许我对自己作一番简单的介绍。

　　昨日之日,是我的求学成长阶段。我出生于内蒙古呼和浩特市和林格尔县一个农民家庭,从小懂得生活的艰辛与劳动的意义,明白吃苦耐劳不是无谓的空谈,而是生存于世的必备品质。步入学校之后,我本此信念刻苦求学,从小学、中学到大学,心无旁骛,不断精进。在大学期间,系统掌握了机械专业的知识,具有一个专科生应该具有的专业理论素养和专业技能水平,在系部组织的各项竞赛中,先后三次获得优胜奖。与此同时,我积极主动地参加诸如乡村支教、暑假义工、社区助残等各种社会实践活动,培养了自己的社会责任感,提升了自己的综合素质。

　　今日之日,是我初试锋芒的关键时刻。校园生活将成为无法淡忘的回忆,社会则是我即将抵达的崭新驿站。这份简历,于您不过是千百份中普通的一页,于我则凝注了对明天美好的憧憬。我渴望自己的专业素养与专业能力能够得到您的肯定,求索进取和乐于奉献的性格能够得到您的赏识,环境适应和人际沟通的能力能够得到您的青睐!

　　明日之日,是我为事业奋勇拼搏的年代。我将走上十分向往的工作岗位,逐步展示自己的人格与才华,能为贵公司的繁荣与发展尽绵薄之力,是我人生最大的心愿。在呈上这份求职信时,我难免有几分紧张与忐忑,但更多的是开始新生活的无比欣喜和对即将扮演的新角色的热切期盼!

　　下页附上个人简历,恳望您百忙中垂阅,期待着亲聆您的教诲。

　　祝贵公司发展前景无限美好!

求职者:×××

2019 年×月×日

联系地址:×××省××市×××区××××栋××××楼××××室

邮政编码:××××××

联系电话:×××××××××××

个人简历、毕业证书、学位证书、身份证、专业课程成绩单、专业技能等级证书、英语等级证书、计算机等级证书、获奖证书、荣誉证书复印件共×份。

☞例文二：

求 职 信

尊敬的领导：

您好！

我是××职业技术学院市场流通系的一名应届毕业生，所学专业是营销与策划。希望这份自荐信能帮贵公司找到一位有志青年，也希望它能为我开启机遇与成功之门。

大学三年，我很注重培养自学能力，先后顺利地通过了英语国家四级和计算机二级考试。我既注重基础课的学习，也重视对能力的培养。在校期间，我抓紧时间，刻苦学习，以优异的成绩完成了基础理论课的学习。修完了专业以外其他经济领域的多门课程，并利用课余时间研读了大量市场营销类书籍，如《营销企划实务》《销售通路管理》《企业广告管理》《网络营销》等，以完善我的专业知识结构，力求尽可能地扩大知识面，紧跟时代的步伐。

大学三年我一直培养自己的综合能力，尤其是计算机能力，虽然这并不是我学的专业，但从中可以锻炼我的实际操作能力。同时我也注意积极地参加各种社会实践活动，如从事促销工作，在一定程度上提高自己的实践能力。我想具备了这些能力以后，对我今后的工作将会有很大的帮助。

学习之余，走出校门，我尽量去捕捉每一个可以锻炼的机会，与不同层次的人相处，让自己近距离地接触社会，感受人生，品味生活的酸、甜、苦、辣，使自己尽快地成熟。

大学的学习生活使我领悟到了人生的真谛。"在工作中学会工作，在学习中学会学习。"我曾跌倒过，但我很快站了起来，继续前行，因为乐观、执著、拼搏是我的个性。我也曾带领着促销的小团队，克服各种困难，取得骄人的成绩。老师们的认可、同学们的赞许使我以更加饱满的热情投入新的挑战之中，向着更高的目标冲击。

因为敢于探索，而品味过成功的丰硕果实，因为敢于冒险，也体验过触礁的震荡和凄凉，但是这一切都锻炼了我作为企业人员所必须具备的成熟与胆识！

在日常工作中，我以积极乐观的心态面对生活。追求"三明"(聪明、高明、开明)和"四人"(人格成熟、人性善良、人文深度、人情练达)的崇高境界，以智、仁、勇、精来严格要求自己。我为人诚实正直，能与人融洽相处，共同进步；兴趣广泛，乐于参加各种活动，如篮球、羽毛球等，这让我结识了不同性格的朋友，更磨炼了自己的意志。

我希冀崇高的自我，也希冀完善的人生。崇高的自我令他人欣慰，完善的人生令自己充实。我祈求成熟的思维，也渴望成熟的季节。成熟的思维可以看人生，成熟的季节可以看世界。走向成熟，我渴求机遇……良禽择木而栖，贤臣择主而事，一个合作的机会，对我是一次良好的开端，对您是一个明智的抉择。

我的过去，正是为贵公司的发展而准备、而蓄积；我的未来，正是为贵公司而奋斗、而拼搏、而奉献！

在即将走上社会岗位的时候，我毛遂自荐，企盼着以满腔的真诚和热情加入贵公司，领略贵公司文化之魅力，一倾文思韬略、才赋禀质为您效力。

李茂云

2019 年××月××日

第二节　个人简历的制作

一、个人简历的含义

个人简历就是对个人的生活经历有重点地加以概述的一种应用文书。

个人简历是对个人生活经历的简要总结，在一定程度上是一个人整体形象的缩影，因而是现代社会人事档案的一个重要组成部分，也是毕业生就业、考察干部、选拔任用人才等必须具备的一份重要资料。个人简历在写作上应讲求真实性、正面性和精练性。真实性是指写简历时一定要客观理性地总结自己的经历，做到真实、准确、不夸大、不缩小、不编造，这样才能取信于人。正面性是指内容应当是正面性的材料，负面的内容要远离简历。精练性是指个人简历越短越好，在普遍情况下，一两页就足够了。

二、个人简历的典型形式

个人简历有三种典型的形式，可以采用其中的任何一种，每一种都有它特定的目的和特有的说服力。

(一) 年代顺序排列型个人简历

写这种形式的个人简历时，应将个人经历、学习或社会实践活动中取得的成就按照时间先后顺序排列，重点强调近几年的情况。它的优点是使简历看上去一目了然，条理清楚。这是当前求职者制作个人简历时普遍采用的形式。

(二) 实用型个人简历

这种简历是把个人取得的成就分别列在不同的实践活动名称下，将具体日期写上，把它们作为辅助资料。也就是说，把个人认为最重要的成就排列在前面。这种简历可以弥补求职者工作经验不足的劣势，可针对求职者最感兴趣的职位组织个人经历。

(三) 目标型个人简历

一般个人简历写作时着重于过去，目标型个人简历则着重于未来。在写明具体求职目标(意向)之后，第一项内容的标题应是"能力"，其中列举五至八种个人所能做好的事情；也可以列举个人认为可以胜任的、与求职目标相关的岗位，即使过去从未实际做过也可以。第二项内容的标题应是"成绩与才能"，应该从个人过去非职业性的成就中选取具体事例，而且事例最好与"能力"一项遥相呼应。这种简历的优点是可以让未来上司去想象：你可能会在哪个职位上取得好成绩，虽然这些工作你并未做过。

年代顺序排列型个人简历和实用型个人简历都需说明求职目标，留存的余地较大。目标型个人简历针对性强。采用何种形式的个人简历，应视个人的需要和目标，看哪种形式最能表现自己的优点和长处。

三、个人简历的写作

个人简历的写作一般由六个部分组成：标题、本人基本情况、求职意向、个人经历、所获得的各种奖励和荣誉、证明材料。

（一）标 题

标题可以直接写"简历"二字，或写"个人简历"。

（二）本人基本情况

本人基本情况包括姓名、年龄(出生年月)、性别、籍贯、民族、学历、学位、政治面貌、学校、专业、身高、毕业时间等。一般来说，除必须出现的内容外，其他内容以突显自己优势为宜。联系方式也可写在本人基本情况中。

（三）求 职 意 向

求职意向，即应聘的职位和目标，列在本人基本情况下一行，让用人单位一眼就明确求职者的求职意向。

（四）个 人 经 历

求职者可以将学习经历和工作经历合在此部分写，或者分开写。

1．学习经历

学习经历是介绍求职者的受教育程度，如毕业的学校、专业和时间。可按时间顺序来写自己的学习过程，主要以大学的学习经历为主。所学课程可以列主要的、有特色的专业课及学习成绩，尤其是要体现与所谋求的职位有关的教育科目、专业知识。这样就能突出重点，使用人单位明确求职者的学历、知识结构是否与其招聘条件相吻合。

2．工作经历

工作经历是一份简历中最重要的部分。初出校门的大学生，工作经历可以改为社会实践和实习经历，包括在学校、班级所担任的职务，勤工助学，课外活动，义务工作，参加各种团体组织、实习经历和实习单位的评价等。非应届毕业生，主要写参加工作之后各阶段的情况，要注意突出主要才能、贡献、成果以及学习、工作、生活中有典型意义的事迹等。这部分内容要写得详细些，通过这些，用人单位可以考察求职者的团队精神、组织协调能力等。

（五）所获得的各种奖励和荣誉

所获得的各种奖励和荣誉包括在校期间或实习实践期间获得的荣誉、在出版物上发表的论文、各项技能资格证书等。

（六）兴趣爱好和特长

这部分可以省略。如果有特长，可以如实写出；若无特长，莫造假，以免弄巧成拙。兴趣爱好也可以列上两三项，让用人单位了解求职者的工作、生活情况。

（七）证明材料

证明材料附于简历之后，或者以附件形式出现在电子简历中。证明材料是简历中所列举的学历、学位、所获荣誉和技能证书以及发表的论文、作品等的佐证。

此外，附上一张个人彩照更完美。

个人简历的写法没有必要千篇一律，形式上可以是表格式，也可以是文字式；可以是纸质版，也可以是电子版。采用哪种形式，要因人而异，要突出个性、富有创意，更好地向用人单位展示自己，以达到成功推销自己的目的。

四、撰写的要求

个人简历的撰写要求如下：

（一）要内容真实，切忌胡编乱造

要诚实描述自己，不要自吹自擂，也不要过于谦虚。用人单位越来越重视求职者的职业道德和团队精神，简历作假表明求职者有道德和人格上的缺陷。技能和知识结构上的缺陷可以培训，人格上的缺陷却无法弥补，简历作假必然会影响自己的职业前途。对简历内容应进行科学取舍，适当突出重点，既使简历具有吸引力，又保持了真实性。

（二）要有的放矢，切忌重复拷贝

求职简历最重针对性，一要针对所应聘的公司和职位，二要针对自己，写出自己的亮点。要根据对方单位的具体情况以及应聘岗位的具体要求，量身定制简历，只有根据招聘要求突出自身的优势或是胜任的具体条件，才有可能让对方感受到求职者的诚意和用心。那种以不变应万变的"万能简历"，是毫无效用的。

（三）要陈述有序，切忌结构混乱

不论是文字式简历还是表格式简历，均应布局合理，层次分明，文从字顺，整洁清晰，运用词语、术语准确无误。每项标题中最重要的细节一定要放在第一项，随后是次重要细节，使简历上的重要内容得到有效突出。另外，要美观庄重，不要给人花里胡哨或拥挤不堪的感觉。

（四）要用语简明，切忌缠夹不清

简历要做到"薄""露""透"。所谓"薄"，就是最好用文本格式一页纸把自己交代清楚；所谓"露"，就是把自己的个性表现出来，给人留下特殊的印象；所谓"透"，就是把自己与职位的关联点找出来，让招聘方在最短的时间里发现求职者和职位的匹配点。

五、个人简历例文

☞例文一：

个 人 简 历

◆基本资料

姓名：李茂云	性别：男	相　片
联系电话：××××××××××	电子邮箱：2000003@qq.com	
民族：汉	政治面貌：中共党员	
户籍：广东阳江	出生年月：××××年12月	
身高：178 cm	学历：大专	
专业名称：文秘	地址：阳江市江城区龙舟路	

◆求职意向
中小学语文老师、企事业单位文秘岗位
◆学习经历
2013年9月—2016年6月：××文理职业学院(专科)文秘专业
主修课程：新闻学、秘书学、社会学、文书档案管理、公共关系管理与规划、办公自动化、古代汉语等。

2016年9月—2019年6月：××师范学院(自考本科)汉语言文学教育专业

主修课程：中国现当代文学史、现代汉语、美学、中学语文教学法、语言学概论、外国文学史等。

◆实习实践经历

2013年10月—2016年6月：担任09文秘(1)班学习委员；

2014年暑假于贵州省黔东南州剑河县久仰乡巫溜小学进行义务支教活动，任小学四年级班主任兼语文、思政老师；

2015年暑假实习于广州市天河区请教网家教中心，任门市部咨询员；

2016年2月—4月：实习于阳江市广播电视台；

2016年6月：取得社会体育指导员三级证书。

2016年暑假实习于阳江市江城区招生办公室，任办公室文员；

◆专业技能

2014年5月：普通话二级乙等证书

2014年9月：英语三级证书

2014年12月：教师资格补修教育学心理学考试合格证书

2015年6月：全国计算机一级证书

2015年9月：高级商务秘书证书

◆所获荣誉

2014年12月荣获"三好学生"称号

2015年4月荣获"优秀共青团员"称号

2015年11月荣获学院首届"现代·天翼杯"辩论赛"优秀辩手"称号

2015年12月荣获"优秀学生干部"称号

2013—2015年发表新闻稿《我院举办英语考证讲座》(学院院报第9期)、《我院对新生进行法制教育》(学院院报第12期)、《晨煜音乐协会举办四周年庆典》(学院院报第13期)、《常怀一颗感恩的心》(学院院报第16期)

2016年6月荣获学院"优秀毕业生"称号

◆兴趣爱好

爱好写作和采访，熟悉Office办公软件操作，热爱教师职业和社会公益事业。

◆自我评价

本人性格开朗、稳重，待人真诚、热情，工作认真、负责，积极主动，能吃苦耐劳，有上进心，能较快适应、融入新环境；在写作、组织等方面有特长。

☞例文二：

求　职　简　历

个人简历 | 求职意向：市场营销.
Personal resume

基本信息

姓　　名：小熊猫	出生年月：1996.05
民　　族：汉	身　　高：177cm
电　　话：123-456-7890	政治面貌：中共党员
邮　　箱：info@tukuppt.com	毕业院校：上海熊猫大学
住　　址：上海市熊猫路 888 号	学　　历：本科

教育背景

2005.07-2009.06　　　　上海熊猫大学　　　　　　　市场营销（本科）
主修课程：
管理学、微观经济学、宏观经济学、管理信息系统、统计学、会计学、财务管理、市场营销、经济法、消费者行为学、国际市场营销

实习经历

2012-04 至今　　　　　熊猫办公有限公司　　　　市场营销（实习生）
- 负责公司线上端资源的销售工作（以开拓客户为主），公司主要资源以广点通、智汇推、百度、小米、360、沃门户等；
- 实时了解行业的变化，跟踪客户的详细数据，为客户制定更完善的投放计划（合作过珍爱网、世纪佳缘、56视频、京东等客户）

2010.03-2012.03　　　　熊猫办公有限公司　　　　软件工程师
- 负责公司业务系统的设计及改进，参与公司网上商城系统产品功能设计及实施工作。
- 负责客户调研、客户需求分析、方案写作等工作，参与公司多个大型电子商务项目的策划工作，担任大商集团网上商城一期建设项目经理。

校园经历

2009.03-2011.06　　　　熊猫办公有限公司　　　　校园大使主席
- 目标带领自己的团队，辅助完成在各高校的"伏龙计划"，向全球顶尖的 AXA 金融公司推送实习生资源。
- 整体运营前期开展了相关的线上线下宣传活动，中期为进行咨询的人员提供讲解。后期进行了项目的维护阶段，保证了整个项目的完整性。

技能证书

普通话一级甲等；
大学英语四/六级（CET-4/6），良好的听说读写能力，快速浏览英语专业文件及书籍；
通过全国计算机二级考试，熟练运用 office 相关软件。

自我评价

深度互联网从业人员，对互联网保持高度的敏感性和关注度，熟悉产品开发流程，有很强的产品规划、需求分析、交互设计能力，能独立承担 APP 和 WEB 项目的管控工作，善于沟通、贴近用户。

拓展阅读

如何让你的网上简历更 "抢眼"

据统计，规模较大的企业一般每周要接收 500 至 1000 份电子简历，其中的 80%在管理者浏览不到 30 秒钟后就被删除了。要让对方在半分钟内通过一份 E-mail 对自己产生兴趣，其难度与跟用人单位直接见面相比更大，因此，是否拥有一份个性化的电子简历就显得极其关键。

一、放大自己的 "卖点"

简历中有几栏是用来给对方留下深刻印象的，也是决定对方是否给求职者面试机会的关键。要写好这几部分内容，应从以下几个方面着手。

（一）成绩。以自己的做人成绩去打动未来的雇主，突出自己的技能和成绩，强化支持标题。集中对能力进行细节描写，运用数字、百分比或时间等量化手段加以强化。强调动作，避免使用人称代词如 "我" "我们" 等。

（二）能力。对各方面能力加以归纳和汇总，扬长避短，以自己无可争议的工作能力和个人魅力征服未来的雇主。用词应简单明确，观点鲜明，引人入胜。

（三）工作经历。应当包括自己所有的工作历史，无论是有偿的还是无偿的，全职的还是兼职的。在保证真实性的前提下，尽量扩充与丰富工作经历，但用词必须简练，不要只针对工作本身，业绩和成果更为重要。

（四）技能。列出所有与求职有关的技能，将有机会向对方展现自己的学历和工作经历以外的天赋与才华。回顾以往取得的成绩，对自己从中获得的体会与经验加以总结、归纳。求职者的选择标准只有一个，即这一项能否给自己的求职带来帮助。

（五）嘉奖。简历中的大部分内容是经历和成绩的主观记录，而荣誉和嘉奖将赋予它们实实在在的客观性，这是令对方注意到求职者已获得肯定成绩的机会。强调此奖项是求职者资历的重要证明，突出此嘉奖与自己所求职务的相关性。

二、扣人心弦的 "开场白"

求职成功最基本的就是要对自己有一个客观全面的了解，然后根据自身的情况准备好所需材料，一般包括求职信和简历。求职信是简历的 "开场白"，这个开场白的功能是激发别人有兴趣阅读下文，为了使公司了解求职者申请的是哪个职位，并对其有更深的印象。发简历的时候，应同求职信一并发出。发任何简历都应该写求职信，这是被许多求职者忽略的细节。求职信的内容包括：

(一) 求职目标，即明确自己所向往的职位。

(二) 小结个人特点，吸引人来阅读自己的简历而不要重复简历里面的内容。

(三) 表决心，即简单有力地显示信心。

在准备求职信时还要注意控制篇幅，长短适中，要让人事经理无需使用屏幕的滚动条就能读完；直接在邮件内编辑，排版要工整；要切中要害，做到既体现个人特点又不过分吹嘘，让求职信成为应聘的敲门砖。

求职信和简历都应该用文本格式(txt)来写，这样虽然会限制一些文本修饰功能，如粗体、斜体等，但可以用一些符号来突出重点；注意措辞和语言，求职信中千万不可有错别字；求职信和简历要一同发送，不要分开；求职信中有些关键词也是很重要的，有些公司会通过关键词搜索来寻找符合他们条件的人选；在电子邮件软件里创建并保存一个求职信样式，这样稍加修改即可用它来申请其他的职位。

三、别让简历成为"格式化"的牺牲品

模块化简历虽然是最简单易行的，但并不能满足不同公司的不同需求，尤其是在我国对网上简历并没有一个统一的标准，加上求职信病毒盛行，因此网上简历必须注意到一些特殊的需要。

(1) 有的放矢。人力资源部门总是收到许多不合格的简历，也就是说不适合该公司职位的简历，因此，在发简历的时候，求职者应该注明申请的是什么职位，并了解自己能否胜任这个工作。

(2) 不用附件。虽然以附件形式发送的简历看起来效果更好，但是由于病毒的威胁，越来越多的公司都要求求职者不要用附件发送简历，甚至有些公司把所有带附件的邮件全部删除。在这种情况下，尽管求职者的简历排版极为精心，却可能根本没有人看。

(3) 美化"纯文本"。不少人事管理者抱怨收到的许多简历在格式上很糟糕。用 E-mail 发出的简历在格式上应该简洁明了，重点突出，因为公司通常只看他们最感兴趣的部分。另外，还有一个好办法就是把自己制作的精美简历放到网上，再把网址告诉给公司即可。

精心设计纯文本格式的简历时，有以下一些小技巧可供参考：

(1) 注意设定页边距，使文本的宽度在 16 厘米左右，这样简历在多数情况下看起来都不会换行；

(2) 尽量用相同字号下显示较大的字体；

(3) 如果一定要使自己的简历看起来与众不同，可以用一些特殊符号分隔简历内容。

四、最大限度地抢夺眼球

网上求职时主要精力应该放在拥有人才数据库的招聘网站上，应把简历放到他们的数据库中。因为用人单位会来这些网站浏览或直接索要符合其要求的。总的来说，应该让用人单位带着明确的目的来找求职者，这要胜过自己向大量公司无目的地发放个人简历。

在申请同一公司的不同职位时，最好能发两封不同的电子简历，因为有些求职网站的数据库软件能自动过滤掉第二封信件，以免造成冗余。另外，在发送电子简历时要错过高峰期，上网高峰一般在中午至午夜，这段时间传递速度非常慢，而且还会出现错误信息，因此，要择机而动。

单元练习题

一、填空题

1. 求职信是以＿＿＿＿的形式向有关用人单位申请某个职位的一种专用书信，亦称"＿＿＿＿"和"＿＿＿＿"。

2. 求职信写作时要具有＿＿＿＿、展示性和＿＿＿＿。

3. 求职信的写作包括四个要素：＿＿＿＿、＿＿＿＿、＿＿＿＿和＿＿＿＿。

4. 求职信一般由六个部分组成：＿＿＿＿、＿＿＿＿、＿＿＿＿、＿＿＿＿、＿＿＿＿。

5. 附件是选用的证明材料，应有必要的＿＿＿＿和＿＿＿＿。

6. 个人简历就是对个人的＿＿＿＿有重点地加以概述的一种应用文书。

7. 个人简历在写作上应讲求＿＿＿＿、＿＿＿＿和＿＿＿＿。

8. 个人简历的写作一般由六个部分组成：＿＿＿＿、＿＿＿＿、＿＿＿＿、＿＿＿＿、所获得的各种奖励、荣誉和证明材料。

9. ＿＿＿＿这个部分是简历中介绍求职者的受教育程度，如毕业的学校、专业和时间。

二、判断题

1. 求职信和简历的写作是一样的，可以互相替代。　　　（　　）

2. 求职信书写求职目标可以多写几个，这样求职范围更广一些。（　　）

3. 求职信写作要主观自信，尽量体现个人风格。　　　（　　）

4. 署名和日期要认真书写，不能潦草马虎。　　　（　　）

5. 一封情文并茂的求职信，往往会让人爱不释手。要使信写得"美"，应力求做到语言饱含感情。　　　（　　）

6. 一般个人简历写作时着重于未来，目标型个人简历则着重于过去。（　　）

7. 简历写作越简单越好。　　　（　　）

8. 不论是文字式简历还是表格式简历，均应布局合理，层次分明，文从字顺，整洁清晰，运用词语、术语准确无误。　　　（　　）

9. 当我们想要充实自己的简历，以便获得更好的职位时，可以适当地增加一些没有过的经历。　　　（　　）

10. 简历采用哪种形式，要因人而异，要突出个性、富有创意，更好地向用人单位展示自己，以达到成功推销自己的目的。　　　（　　）

三、改错题

尊敬的领导：

你好！

十分感谢你在百忙之中翻看我的求职信，真诚期望能得到您的支持和认可。

我是××学院 20××届工程计算机专业毕业生，在校期间，本人严格遵守学校规章制度、尊敬师长、团结同学，有很强的群众荣誉感；学习认真刻苦，成绩优秀，曾多次获得院奖学金；重视理论联系实际，用心参加各项实践、实习活动。本人出身于农村家庭，从小就培养了吃苦耐劳、竖忍不拔的精神。

四年的大学教育让我有了计算机专业方面的理论知识，半年多时间的工作使我有了丰富的实践经验，也增强了自己适应环境的潜力。当今人才多层次的需要，促使我不断更新、加强自我。

只要贵公司录娶我，一定会使公司有一个天翻地覆的变化。我将以无比的热情和勤奋的工作回报您的知遇之恩，并十分乐意与未来的同事合作，为我们共同的事业奉献全部的聪明才智。

此致

敬礼

×××

请分别从格式与内容上找出这封求职信的错误之处。

四、写作题

1. 根据个人的特点与求职意愿，按求职信的写作要求，为自己拟写一封求职信。

2. 某旅游文化发展公司因扩展业务，需要招聘文秘工作人员 2 名、财会人员 2 名、计算机操作员 1 名，请以求职者的身份选择一个岗位，自拟一封求职信。

3. 根据自己的学习生活经历写一份求职简历。

第五章　公务文书写作

本章主要学习公文的通用版式及通知、通报、请示、报告、函、决定、纪要七种常用公文的写作。学生通过学习本章内容，可懂得公文的通用版式并根据需要写出通知、通报、请示、报告、函、决定、纪要等公文。

第一节　公 文 概 述

公务文书是应用文中最重要、用途最广泛的文体，历来是学生学习的重点。

一、公文的含义

公务文书简称公文。公务文书是指党政机关、社会团体、企事业单位在管理过程中形成的具有法定效力和规范体式的文书，是依法行政和进行公务活动的重要工具。

中共中央办公厅、国务院办公厅在 2012 年 4 月 16 日联合印发了《党政机关公文处理工作条例》(以下简称《条例》)。该《条例》规定，公务文书有决议、决定、命令、公报、公告、通告、意见、通知、通报、报告、请示、批复、议案、函、纪要十五种。因高职院校毕业生对于各种公文的使用概率有大有小，本教材选取使用概率较大的通知、通报、请示、报告、函、决定、纪要七种进行详细讲解。

二、公文的种类

根据行文方向划分，可分为上行文、平行文、下行文三种。

(1) 上行文：用于隶属的下级机关向其上级机关的行文，如议案、报告、请示等。

(2) 平行文：用于平级机关或不相隶属的机关之间的行文，如函等。

(3) 下行文：用于上级机关向所属下级机关的行文，如命令、公告、通告、决定、通知、通报、批复、决议、公报等。

其中意见、会议纪要可以是上行文，也可以是下行文。

根据公文的性质、作用划分，可以分为指挥性公文、报请性公文、知照性公文、商洽性公文和记录性公文。

(1) 指挥性公文：用于领导和指挥下级机关工作，颁布法律法规、规章制度等，具有强制性、指示性和约束性等特点，如命令、决定、批复、意见、指示性通知等属于此类。

(2) 报请性公文：用于向上级机关汇报工作和请示问题的公文，如请示、报告、议案等。另外，求批函也属于此类。

(3) 知照性公文：用于向有关对象通知、照会某些事项、情况、规定、要求等。公告、通告、通报、通知、告知函等属于此类。

(4) 商洽性公文：用于机关之间联系和商洽工作，如函。

(5) 记录性公文：用于对实际情况的记录而形成的公文，如纪要。

第二节　公　文　格　式

如图 5-1、图 5-2 是公文通用版式。

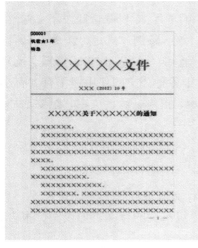

图 5-1

图 5-2

图 5-1、图 5-2 所示是文件式公文版式。除文件式版式外，公文还有信函式版式、命令式版式、纪要式版式，但这些版式都与文件式版式大体相同，只是某些细节不同。因此，本书着重讲解公文的文件式通用版式。

公文的文件式版式可分为版头、主体、版记三部分。

一、版头部分

版头部分包括的要素有份号、密级和保密期限、紧急程度、发文机关标志、发文字号、签发人。如图 5-3 所示。

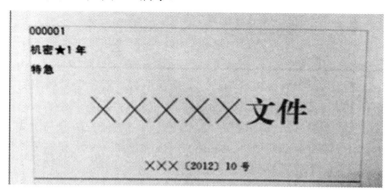

图 5-3

（一）份号

图 5-3 中"000001"处即公文的份号。公文的份号是每份公文的编号，根据印制份数编流水号。公文份号是为了掌握公文的发放方向，便于公文的保密管理。

涉密公文一定要标注份号，如果发文机关认为有必要，也可对不涉密公文标注份号。

份号是用 6 位阿拉伯数字顶格编排在版心左上角第一行，用黑色字体标注。

（二）密级和保密期限

图 5-3 中"机密★1 年"处即是公文的密级和保密期限。涉及国家秘密的公文应当标明密级和保密期限，国家秘密分为：秘密、机密和绝密三种。这三种秘密等级在保密期限上都有限制。其中秘密的保密期限不超过 10 年，机密

的保密期限不超过 20 年，绝密的保密期限不超过 30 年。

密级和保密期限标注方法是用 3 号黑体字，顶格编排在版心左上角份号之下，保密期限中的数字用阿拉伯数字表示。

还需特别注意的是，仅有秘密等级时，秘密等级"秘密""机密""绝密"两字中间都需空一字，标成"秘　密""机　密""绝　密"；如果同时还需标注保密期限，"秘密""机密""绝密"中间不需空一字，秘密等级和保密期限间用实心星号"★"连接，标成"秘密★3 年""机密★3 年""绝密★30 年"等。

(三) 紧急程度

图 5-3 中"特急"处即公文的紧急程度，在密级和保密期限的下一行。紧急程度的位置还会随着份号、密级和保密期限的缺省而上移。

紧急公文根据紧急程度可分为特急、加急两类。特急表示要求收到文件后一天内办理；加急表示要求收到文件后两到三天内办理。

紧急程度的标注方法也是用 3 号黑体字，顶格编排在版心左上角。如需同时标注份号、密级和保密期限、紧急程度，按照份号、密级和保密期限、紧急程度的顺序自上而下分行排列。

(四) 发文机关标志

图 5-3 中"×××××文件"处即公文的发文机关标志。发文机关标志是公文版头的核心，用套红大字居中印在公文版头距版心上边缘 35 mm 处，字体要庄重、规范、美观、大小适度(一般应小于上级机关的字体大小)，推荐使用小标宋体字。

发文机关标志主要有两种形式：一是发文机关全称或规范化简称后加"文件"二字；二是发文机关全称或规范化简称。

联合行文时可并用联合发文机关名称，主办机关名称排列在前，也可单独用主办机关名称。

联合上报公文一般不单独使用主办机关名称。因为联合行文上需要将所有联署机关签发人的姓名都标出，如果发文机关名称只用主办机关，这样与签发人的标注就不相匹配。因此，联合上报公文的发文机关标志可如图 5-4 所示。

需要注意的是，联合行文机关过多时，必须保证公文首页显示正文。

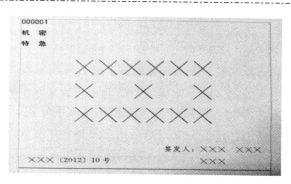

图 5-4

（五）发文字号

图 5-3 中"×××〔2012〕10 号"处即是发文字号。由发文机关代字、年份和发文序号三个要素组成，如广文院〔2013〕7 号。

发文字号表示该机关在某年所发的第几号文件，如上述的广文院〔2013〕7 号，表示广东文理职业学院 2013 年所发的第 7 号文件。

发文字号中的机关代字要求准确、规范、精练、无歧义、易识别，并固定使用，避免与上级机关、同级机关的机关代字重复。一般来说，一个单位有它的全称的同时也往往有相对应的简称。

联合行文时只需标注主办机关的发文字号。发文字号用 3 号仿宋体字。年份、发文序号用阿拉伯数字；年份用全称 4 位，用六角括号括入；发文序号不编虚位，不加"第"字、"成"字，如"粤政〔2009〕成 15 号""粤政〔2009〕第 37 号"都是错误的。

需特别注意的是，上行文发文字号标注在发文机关标志之下两行居左空 1 字。如图 5-5 中"□广文院〔2013〕7 号"所示(其中，"□"代表空格)。

图 5-5

(六) 签 发 人

图 5-5 中"签发人：李国胜□"处即公文的签发人。公文都有签发人，但不一定要在公文眉首标明。一般上行文时需在眉首标明签发人，而其他公文的签发人往往只出现在该公文的原始稿中，制成正式公文时不标明。

需标注签发人时，单一签发人，签发人应与发文字号同一行，居右空 1 字。签发人用 3 号仿宋体字标注，签发人姓名用 3 号楷体字标注。

联合行文时有多个签发人，签发人姓名按发文机关的顺序从左到右、自上而下依次均匀顺排，一般每行排两个姓名，回行时与上一行第一个签发人姓名对齐，最后一个签发人姓名应与发文字号处在同一行并距红色分隔线 4 mm，如图 5-4 所示。

二、主体部分

主体部分位于版头的红色线之下，版记部分的首条分割线之上，包括公文标题、主送机关、正文、附件说明、发文机关署名、成文日期、印章、附注、附件等要素，如图 5-6、图 5-7 所示。

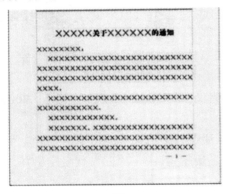

图 5-6

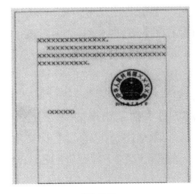

图 5-7

(一) 公文标题

图 5-6 中"×××××关于××××××的通知"处即是公文标题。公文标题由发文机关名称、事由和文种组成，应当准确、扼要地概括公文的主要内容。如广东文理职业学院关于 2013 年暑假放假的通知。其中发文机关名称为广东文理职业学院，事由是关于 2013 年暑假放假，文种是通知。

4 个以上(含 4 个)机关联合行文时，标题中发文机关名称可简略。另外公文标题中除法规、规章名称加书名号外，其他部分不用标点符号。

公文标题一般用 2 号小标宋体字，编排于红色分隔线下空两行的位置，分一行或多行居中排布。回行时要做到词意完整，排列对称，长短适宜，间距恰当；标题排列应使用梯形或菱形，不应使用上下长度一样的长方形或上下长、中间短的沙漏形。

（二）主送机关

主送机关在公文标题下，空一行，居左顶格书写。主送机关是指对公文予以办理或答复的主要受理机关，应当使用机关全称、规范化简称或者同类型机关统称。标注在标题下空一行，左侧顶格，用 3 号仿宋体字标注，回行时仍顶格。最后一个主送机关名称后标全角冒号。

主送机关使用简称要规范、准确，不得随意编造机关简称。使用统称时，包括的地区、部门、单位要齐全，称谓要准确。

主送机关在数量上可以仅一个，也可以多个。如果主送机关众多，需注意排列原则。

（三）正文

正文在主送机关的下一行，居左空 2 字，回行顶格，数字、年份不回行。另起一段仍需左空 2 字。正文用 3 号仿宋体字，一般每面排 22 行，每行排 28 字。文中如有小标题，可用 3 号小标宋体字或黑体字。

正文是公文的主体和核心所在，用来表述公文的内容，公文首页须显示正文。导致公文首页无法显示正文的原因主要是联合行文的机关过多、主送机关过多。对此，需要灵活处理。例如，可将主送机关在版记部分标示，在抄送机关之上，标法同抄送机关一致。

另外，公文的首个盖章页应当同时显示正文、发文机关署名和印章。

正文中标题字号的使用：文中结构层次依次可以用"一、""（一）""1.""（1）"标注，一般一级标题用黑体字，二级标题用楷体字，三级、四级标题和正文一样用 3 号仿宋体字。

（四）附件说明

附件说明是公文附件的顺序号和名称。公文正文中的一些内容，如图表、名单、规定等，若穿插在公文正文中，往往会隔断公文前后的联系而造成阅读上的不便，因此需将其从公文正文中抽出来作为公文的附件单独表述，即附件。

公文附件是正文内容的组成部分，与正文具有同等的法律效力。附件说明的标注方法是在正文下空一行居左空 2 字位置用 3 号仿宋体字标识"附件"二字，后标全角冒号和附件名称。如有顺序号，使用阿拉伯数字标注，附件名称后不加标点符号，如图 5-8 所示。

图 5-8

(五) 发文机关署名

图 5-9 中红印所压的发文机关名称即是公文的发文机关署名，用发文机关全称或规范化简称。特殊情况如议案、命令(令)等文种需要由机关负责人署名的，应当写明负责的职务。

一般来说，发文机关署名在正文下空一行右下角标注，如有附件说明则在附件说明下空一行右下角标注。发文机关署名与成文日期位置关系密切。若单一发文机关行文时，发文机关署名以成文日期为准居中编排，如图 5-9 所示。

××文理学院

2013 年 7 月 2 日

图 5-9

若是联合行文，应将各发文机关署名按发文机关顺序排列在相应位置，并使各发文机关印章加盖其上，如图 5-10 所示。

图 5-10

（六）成 文 日 期

成文日期是公文的生效时间，一般在发文机关署名的下一行，是党政机关公文生效的重要标志。

成文日期确定的原则和标注位置有两种：一是会议通过的决议、决定等以会议正式通过的日期为准，成文日期编排在公文标题之下，写全年、月、日，用小括号括起来；二是经机关负责人签发的公文，以签发日期为准。若是联合行文，则以最后签发的机关负责人签发的日期为准。

成文日期在发文机关署名下一行的右下方右空 4 字编排，用阿拉伯数字将年、月、日标全，年份应标全称，月、日不编虚位，如图 5-11 所示。

图 5-11

若是不加盖印章的公文，在发文机关署名下一行编排成文日期，首字比发文机关署名右移 2 字，如图 5-12 所示。

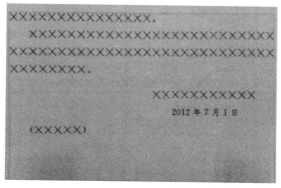

图 5-12

(七) 印章

印章是公文生效的标志，是鉴定公文真伪最重要的依据之一。上行文，一定要加盖印章。一般有特定发文机关标志的普发性公文可以不加盖印章，纪要也可以不加盖印章。

单一机关制发的公文在落款处不署发文机关名称，只标注成文日期。加盖印章应上距正文 2～4 mm，端正、居中，下压成文日期。

当印章下弧无文字时，采用下套方式，即仅以下弧压在成文日期上；当印章下弧有文字时，采用中套方式，即印章中心线压在成文日期上。

联合上行文，发文机关只署名主办机关时，可以只加盖主办机关印章。联合下行文时，所有联署机关均须加盖印章。主办机关印章在前，后一机关印章压成文日期。两印章间互不相交或相切，相距不超过 3 mm，如图 5-10 所示。

当联合行文需加盖 3 个以上印章时，为防止出现空白印章，应将各发文机关名称(可用简称)排在发文日期和正文之间。主办机关印章在前，每排最多排3 个印章，两端不得超出版心；最后一排如余一个或两个印章，均居中排布；印章之间互不相交或相切；在最后一排印章之下右空 4 字标注成文日期。如需加盖五个印章时，如图 5-13 所示。

图 5-13

当公文排版后所剩空白处不能容下印章位置时，应采取调整行距、字距的措施加以解决，务必使印章与正文同处一面，不得采取标注"此页无正文""此处无正文"的方法解决。

（八）附注

附注一般用于说明公文的发放范围、使用时需注意的事项。请示件应当在附注的位置上标注联系人和联系方式。

附注的标注方法为居左空 2 字加圆括号编排在成文日期下一行，如图5-13"（×××××)"处即是。附注是据具体情况而设置的，可无。

三、版记部分

版记部分在公文成文日期或附注之下，由两至三条黑色分隔线所囊括。版记的分隔线与版心等宽，首条分隔线和末条分隔线用粗线，中间的分隔线用细线。

首条分隔线位于版记中第一个要素之上，末条分隔线与公文最后一面的版心下边缘重合。版记部分包括抄送机关、印发机关和印发日期、页码等要素，如图 5-14 所示。

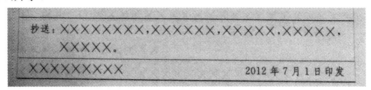

图 5-14

（一）抄送机关

在第一条黑色分隔线之下，图 5-14 中"抄送"处即是公文的抄送机关。抄送机关是指除主送机关外需要执行或者知晓公文内容的其他机关，可以是上级、平级、下级及不相隶属机关。

公文的抄送范围应当严格按照工作需要确定，不能滥抄也不能错抄和漏抄。在排列顺序上一般按机关性质和隶属关系确定，依照先上级、再平级、后下级的次序排列。

抄送机关的标注方法是用 4 号仿宋体字，编排第一条黑色分隔线之下行，左右各空 1 字编排。"抄送"二字后加全角冒号和抄送机关名称，回行时与冒号后的首字对齐，最后一个抄送机关名称后标句号。若主送机关太多，需把主送机关移至版记部分标注时，只需在抄送机关处或上一行加"主送"二字，然后是全角冒号和主送机关名称，编排方法同抄送机关。既有抄送机关又有主送机关时，应当将主送机关置于抄送机关上一行，之间不加分隔线。

（二）印发机关和印发日期

印发机关和印发日期在最后一条黑色分割线的上行。印发机关是指公文的印制主管部门，一般是各党政机关办公厅(室)或文秘部门。若发文机关没有专门的办公厅(室)，发文机关就是印发机关。

印发机关和印发日期一般用 4 号仿宋体字，印发机关左空 1 字标示，印发日期右空 1 字标示，用阿拉伯数字将年、月、日标全，年份应标全称，月、日不编虚位(如不编 01 月、09 日等)，后加"印发"二字。

版记中若同时有其他要素(如抄送机关)，应当将其与印发机关和印发日期用一条细分隔线隔开。一般来说，版记部分常是同时有抄送机关、印发机关和印发日期的，因此，黑色分隔线也常是三条，上下两条粗，中间那条细。

（三）页码

页码一般用 4 号半角宋体阿拉伯数字，编排在公文版心下边缘的下行，数字左右各放一条一字线；一字线上距版心下边缘 7 mm。单页码居右空 1 字，双页码居左空 1 字。

公文的版记页前有空白页的，空白页和版记页均不编排页码。

公文的附件与正文一起装订时，页码应当连续编排。

第三节　常用公文文种写作

虽然《条例》中规定公文文书有决议、决定、命令、公报、公告、通告、意见、通知、通报、报告、请示、批复、议案、函、纪要十五种，但从高职院校毕业生以后从事的职业看，最常用到的有通知、通报、请示、报告、函、决定、纪要七种。因此，本教材对这七种公文文种进行详细介绍。

一、通知

（一）通知的概念

通知是向特定的对象告知或传达有关事项的文件，让特定的对象知道或执行的公文。

（二）通知的种类

1. 发布性通知

发布性通知用于发布规章制度，是领导机关或职能部门根据实际工作需要做出的一些具体规定。如《中共中央关于印发〈中国共产党纪律处分条例(试行)〉的通知》《国务院关于发布〈国家行政机关公文处理办法〉的通知》。

发布性通知常用"发布""印发"两词，一般而言，发布用于比较成熟的、正式成文执行的规章制度；印发用于一些还不够成熟的，在草稿阶段或是试行阶段的规章制度。

2. 批转性通知

批转性通知用于上级机关批转下级机关的请示、报告等公文给所属有关人员，让他们周知或执行。如《国务院批转财政部等部门关于粮食政策性财务挂账停息报告的通知》。

3. 转发性通知

转发性通知用于转发上级机关和不相隶属机关的公文给所属有关人员，让他们周知或执行。如《国务院办公厅转发发展改革委关于完善差别电价政策意见的通知》。

4. 指示性通知

指示性通知用于上级机关指示下级机关如何开展工作，即上级机关针对工作中出现的普遍性的问题提出解决办法，要求下级机关执行。如《内蒙古自治区人民政府办公厅关于做好我区中等专业学校管理工作有关问题的通知》。

需要注意的是，指示性通知对下级机关具有强制性的约束力。

5. 任免性通知

任免性通知用于任免和聘用干部。在机关或系统内部任免和聘用干部时，一般用通知的形式传达给有关机构和工作人员，也可以用通知的形式告知本人。如《关于李茂云等同志的任免通知》。

6. 事务性通知

事务性通知用于处理日常工作中的事务性事件，常把有关的信息或要求用通知的形式传达给有关机构和工作人员。最常用的有庆祝某节日举办某活动，要求下级机关报送有关材料，请有关人员出席会议；成立、调整、合并、撤销

某个机构，启用印章，更正文件差错等，都可以用这种通知。如《关于召开
2012年度优秀教师表彰大会的通知》。

在上述六种通知中，对于高职院校毕业生来说，接触到第五类、第六类的
可能性最大，因此下面重点介绍这两类通知的写法。

（三）通知的一般写法

一篇公文由眉首、主体、版记三部分构成，在介绍公文文种写作时，很多
教材都简写眉首和版记部分，只介绍主体部分。本书也采用这种通例。下面述
及其他公文文种时也遵循此通例，不再重复说明。

通知的主体部分通常由标题、主送机关、正文、落款组成。

1. 标题

《条例》中规定公文的标题由发文机关＋事由＋文种构成，因此，一篇通
知的标题也是由这三个要素构成，如《××文理职业学院关于李茂云等同志的
任免通知》。发文机关为××文理职业学院，事由是关于李茂云等同志的任免，
文种是通知。

另外，省略发文机关，由事由＋文种形式的标题也较常使用，如上述标题
也可省略发文机关，写成《关于李茂云等同志的任免通知》。

2. 主送机关

主送机关是通知的主要受理机关，在主送机关处应写明被通知的机关、单
位。被通知的单位可以是一个或几个，也可以是所有下属单位。如单一主送机
关"学院各部门""公司各部门"，多个主送机关"各省、自治区、直辖市人
民政府，国务院各部委、各直属机构"等。

3. 正文

正文一般包括通知的缘由和事项两部分。缘由部分介绍背景、目的、原因、
依据等，而事项部分介绍具体事项、要求、做法等。这两部分之间常用"现将
有关事项通知如下"一句来衔接，一般还在文末使用"特此通知"作为结
束语。

需要注意的是，正文结构因通知的类型不同而有所差异。

4. 落款

在正文的右下方签署发文机关名称和成文日期。如果发文机关在标题中标
明，落款时可以省去。

(四) 常用通知例文

1. 任免通知

任免通知正文的写作思路大体为:因何原因,经何部门或何会议讨论研究决定:任命×××为××部门××职务;负责××工作,任期××。

例文如下:

××文理学院关于李茂云等同志任免的通知

学院各部门:

因工作需要,经学院董事会研究决定:任命李茂云同志为人文艺术系主任,全面负责人文艺术系日常工作。任期从 2015 年 9 月 1 日至 2017 年 8 月 31 日。同时,免去原人文艺术系主任李国胜同志的职务,学院另行安排其工作。

特此通知。

××文理学院
2015 年 8 月 29 日

如果该通知只有任命某些同志而无免职人员,则应该将标题中的"任免"改为"任命",如"××文理职业学院关于李茂云等同志任命的通知"。如果单纯只有免职一项,则标题可以采用"某单位关于免去×××同志某职务的通知",如"××文理职业学院关于免去李国胜人文艺术系主任的通知"。

一篇通知中若有多个人员的任免,应分段排列。例文如下:

××文理学院关于李茂云等同志任免的通知

学院各部门:

因工作需要,经学院董事会研究决定:任命李茂云等同志的职务。任期从 2015 年 9 月 1 日至 2017 年 8 月 31 日。任命如下:

李茂云同志任人文艺术系主任;

李国胜同志任财经系主任,免去其人文艺术系主任职务;

陈全同志任英语系主任;

陈明同志任机械系主任。

特此通知。

××文理学院
2015 年 8 月 29 日

2. 会议通知

会议通知是事务性通知中最常用的一种。会议通知可以先交代会议召开的背景、原因、目的、依据等，然后说明召开何会议，继而交代有关注意事项。通常使用"现将有关事项(要求)通知如下"来过渡，后将各要求或事项一一列出。最后以"特此通知"作结。

如果内容单一，可以合为一段，不需用"现将有关事项(要求)通知如下"来过渡，例文如下：

××文理学院关于召开××年度优秀教师、优秀教育工作者表彰大会的通知

学院各部门：

在第 28 个教师节来临之际，为了表彰先进，树立典型，学院决定于××年 9 月 9 日在第一教学楼 A304 召开××年度优秀教师、优秀教育工作者表彰大会，请学院全体教职员工届时准时参加。

特此通知。

××文理学院

××年 9 月 5 日

📖 实例实践

1. 任免通知的写作。

假如你是某公司办公室职员，公司决定任命李茂云为销售部经理，请你设想一个适当的缘由，拟写这篇任命通知。其他必要信息自拟。

2. 会议通知的写作。

发文单位：长城贸易公司

事项：召开 2015 年度职工表彰大会，在会上表彰 2015 年先进工作者，并总结 2015 年度工作。

会议时间：2016 年 2 月 26 日下午 3 点

会议地点：行政楼三楼会议大厅

要求：全体干部、职工都要参加

附件：2015 年度先进工作者名单

发文时间：2016 年 2 月 24 日

二、通报

(一)通报的含义

通报适用于表彰先进、批评错误、传达重要精神和告知重要情况,是党政机关、社会团体把工作情况、经验教训、典型事例以及具有典范、指导、教育、警诫意义的实践通报发给下级单位的公文文种。

通报是下行文,使用频率较高,具有事例的典型性、内容的知照性、效果的教育性等特点。

(二)通报的类型

1. 表彰性通报

这类通报用于对单位内部的典型人物、先进事迹进行表彰,以达到推广典型经验、树立正面榜样、弘扬优秀品质和发扬崇高精神,以推动单位内部人员学先进、树新风的目的。

2. 批评性通报

这类通报用于对单位内部严重错误行为、不良倾向进行批评,以达到告诫有关单位和人员,使他们吸取教训的目的。此类通报多是对重大事故或违法乱纪的错误行为进行批评,在行文中还会提出纠正错误言行和倾向的办法和要求。

3. 情况通报

这类通报用于传达重要的情况和上级指示的精神,以达到通信息、通情况、利透明、变协调的目的。

(三)通报的写法

通报的结构包括标题、主送机关、正文、落款四部分。

1. 标题

通报的标题主要用三要素标题,即由发文机关＋事由＋文种构成,如《××职业学院关于表彰 2012 年度优秀教师、优秀教育工作者的通报》。标题也可省略发文机关,如《关于表彰 2012 年度优秀教师、优秀教育工作者的通报》。

2. 主送机关

主送机关,即通报所要下发的单位、部门,用完整的单位名称或规范的简称。如公司各部门，各区县人民政府，各市属委、局、办等。普发性通报可以不写主送机关。

3. 正文

正文结构因通报的类型不同有所差异。

表彰性通报一般由三部分内容构成：一是介绍被表彰单位、部门或个人的先进事迹；二是分析、评论并指出该事迹的典型意义，写明相应的表彰方法；三是提出希望和要求，号召大家学习。

批评性通报也包括三部分内容：一是指出被批评单位、部门或个人的主要错误事实，交代所造成的后果；二是分析、评论并指出错误的实质、危害和原因，写明相应的批评目的和处理意见；三是指出应吸取的教训，提出相应的要求，防止类似情况发生。

情况通报一般也是由三部分内容构成：一是交代所通报事情的基本概况；二是介绍方法和经验，进行分析和评论；三是提出希望和要求，表明通报的目的。

4. 落款

在正文下空一行的右下角写上发文机关署名和成文日期。发文机关署名若与发文机关标志处或公文标题处的名称一致，可以省去发文机关署名，只标成文日期，并在成文日期上加盖公章。

(四) 通报例文

✂ 表彰性通报例文：

包头市人民政府关于表彰 2015 年包头市技术能手的通报

各旗、县、区人民政府，市各直属部门：

一年来，我市各地基层组织进一步落实《内蒙古自治区人民政府关于大力推进职业教育改革与发展的决定》(内政办字〔2016〕13 号)精神，培养和挖掘出众多适应现代化要求的高素质劳动者和实用人才，在各条战线上涌现出众多先进个人，极大地促进了我市的经济建设和社会发展。为此，在基层推荐、组织评审的基础上，市政府决定授予李茂云等 60 位同志"包头市技术能手"的称号，并予以通报表彰。

希望受表彰的人员戒骄戒躁，再接再厉，为我市经济发展与社会进步作出新的更大的贡献。全市各行各业的劳动者，尤其是青年员工要以他们为榜样，刻苦钻研业务，勇于创新，争取早日成为本行业优秀、出众的员工，在本职岗位上作出更大贡献。各有关单位也要大力宣传在生产一线作出较大贡献的能工巧匠，形成社会关心、政府支持、争相培养高素质技能人才的氛围，从而为我市经济建设的持续、快速、健康发展再添新功。

    附件：2015 年包头市技术能手名单

包头市人民政府
2016 年 2 月 19 日

✂ 情况通报例文：

云南省卫生厅关于云南省非典型肺炎疫情的通报

    截至××××年××月××日 12:00，据我省各地、州、市疫情日报统计，目前全省共有医学观察对象 6 例。其中昆明 4 例、元江 1 例、保山 1 例，均采取了隔离观察与治疗，观察对象病情稳定，无生命危险。全省无疑似病例和确诊病例。为防止疫情恶化，希望我省各单位、各部门严格按照省政府、省卫生厅的有关指示，切实做好疫情防护和控制工作。

云南省卫生厅
××××年××月××日

(案例来源：春城晚报，2003 年 5 月 12 日，有删改)

📖 实例实践

    请根据下列材料写一篇表彰性通报。

    陈先生是一家珠宝公司的经理，几天前从深圳来到沈阳。2015 年 10 月 19 日 13 点左右，陈先生乘坐出租车至沈阳火车站，下车时忘记取放在副驾驶座后的手提箱。下车后忽然想起，但出租车已不见踪影。陈先生立即到当地派出所报案，并到出租车公司说明情况。

第二天上午，陈先生接到出租车公司来电，说有出租车司机当天早晨交完管理费后又上交了一个顾客遗落的手提箱，好像是陈先生遗落的那个，于是公司致电陈先生来认领。陈先生确认手提箱就是自己的，而且存物完好，顿时热泪盈眶。原来里面装的是 1000 颗钻石。出租车公司随后致电上交手提箱的出租车司机李茂云，媒体也对此事进行报道。请以沈阳市人民政府的名义就上述事件发一篇表彰性通报。

三、请示

（一）请示的概念

请示是下级机关向上级机关请求对某项工作或问题做出指示，给予审核、批准时所使用的报请性公文。请示具有针对性、超前性、单一性、呈批性等特点。

请示常用于上级机关规定需请示获批后才能处理的事宜，如遇到特殊情况、疑难问题需请示上级机关指示意见，做某项职权工作需要请示上级机关给予人力、物力、财力帮助等。

请示是双向性公文，下级有请求，上级必有答复(批复)。因此请示与批复是成对出现的。

（二）请示与报告的区别

请示与报告都是上行文，在实际工作中，人们常常将报告和请示的内容混在一起。在报告中兼写请求上级机关办理的事情(请示)，或单纯的请示也用"请示报告"的名称，这些都是不正确的。因此，有必要对它们进行区分。

(1) 行文目的不同。请示用于请求上级机关指示、批准，目的是请领导解释政策、批准事项、帮助解决困难；而报告用于汇报、反映工作情况，目的是让上级机关了解有关情况和动态，为决策和指导下级工作提供依据。

(2) 行文时间不同。请示在事前，等上级机关明确表态后方可付诸行动；报告在事后或事中，是已做了或正在做的事情。

(3) 行文侧重不同。请示着重写"请示事项"；报告重在汇报情况，不得夹带和兼写请示事项。

(4) 收文处理不同。请示必须有批复或函复；报告不需批复或函复。

(5) 主送机关不同。请示只能有一个主送机关，由该机关负责答复；报告的主送机关可以有多个。

（三）请示的写法

各类请示的写法基本一致。其主体部分主要由标题、主送机关、正文、落款构成。

1. 标题

标题由发文机关、事由和文种构成，如《××市人民政府关于优质西瓜生产基地建设资金的请示》。

请示的标题不能写成"请示报告"或"申请"。标题中的事由要明确，语言要简明。

2. 主送机关

请示只写一个主送机关，如需同时送呈其他机关，应当用抄送形式；受双重领导的机关向上级机关请示，在主送机关处写明需要其答复的上级机关，把另一上级机关写在抄送机关处，由主送机关负责答复。

3. 正文

正文一般由请示缘由、请示事项和请示结语三部分组成。

(1) 请示缘由：简明扼要而又充分地陈述请示的原因、依据等。这部分是为请示事项作铺垫的。简明扼要不意味着简单化，而是必须讲清情况，不能笼统、含糊，也不能夸大事实。

(2) 请示事项：这是请示的重点，要将请求上级机关给予批示、批准或批转的具体问题和事情一一列出，请求上级机关做出答复。要直截了当，明确表述，表明自己的倾向性意见，供上级机关参考。

(3) 请示结语：采用"妥否，请批复""特此请示，请予批示""请批准""请指示"等惯用语。若是请求批转的请示，则用"以上请示如无不妥，请批转各地执行"。

4. 落款

落款写明发文机关署名和成文日期。

另外，写请示时还需注意以下要求。

(1) 应当一文一事，即一份请示集中请示一个问题。不要一文几事，以免因其中某件事未能通过而导致全文都不能及时批复，影响其他事情的办理。

(2) 一般不得越级请示，如因特殊情况必须越级请示时，应当抄送被越过的上级机关。还需注意向上级请示的同时不能向下级抄送。

(3) 请示的理由要充分、合理，采用请求的行文语气。

(4) 正式印制上报时，应在文件版头注明签发人姓名，与发文字号同一行，右空一字。

（四）请示例文

××镇人民政府关于购买新型测绘仪器等设备经费的请示

××市人民政府：

　　按照市委工作部署，今年 4 月底前我镇需要完成 20 个村的实地测绘，工作量非常大，但我镇目前所用设备均为 2005 年前购进，已无法适应工作需要。因工作需要，现需购买 BR—8 新型测绘仪器 6 台，GF9 型绘图仪 1 台，大型打印、复印机 1 台。经核算，共需经费 20 万元。因此，我镇特向市政府请求拨付所需经费 20 万元，请批示。

　　附件：新型测绘仪器等设备经费预算表

××镇人民政府

2015 年 2 月 16 日

📖 实例实践

1. 修改以下公文标题。

《×××公司组建××实业分公司的请示》

《×××公司关于申请批准建立培训中心的请示报告》

2. 请根据提示写一篇请示。

提示：××师范学院为承办省第六届大学生运动会申请经费。

省第六届大学生运动会将于 2013 年暑假举行，由××师范学院承办。但目前××师范学院比赛场地仍很简陋，比赛用的器材也较缺乏，需要改善场地和补充器材。经核算，共需经费 310 万元。××师范学院已自筹 160 万元，尚缺少 150 万元。特向省高教厅申请拨付专用经费 150 万元。

请示时间：2013 年 3 月 9 日。

四、报告

（一）报告的概念

报告是用于向上级机关汇报工作、反映情况、答复上级机关询问的公文文种。报告是上行文。行文时要求应有具体事实和数据作为佐证，报告必须情况确凿、观点鲜明、想法明确、直陈其事、口吻得体，不夹带请示事项。

（二）报告的写法

报告的主体部分一般由标题、主送机关、正文、落款构成。

1. 标题

报告的标题一般采用三要素形式，由发文机关＋事由＋文种构成，如《××市人民政府关于××市百货大楼重大火灾事故的报告》。

2. 主送机关

报告的主送机关可以是一个，也可以是两个，但应向本机关的直接上级机关行文。受双重领导的机关有两个直接上级，如公安系统、检察系统等。

3. 正文

报告的正文大体由报告缘由、报告事项、报告结语构成。

（1）报告缘由：主要交代报告的目的、意义或根据。往往用"现将××情况报告如下"等句式。

（2）报告事项：报告的核心部分。一般交代两方面内容，一是情况及问题，二是之后的工作安排、工作意义等。

（3）报告结语：如"特此报告""专此报告""请收阅"等，结语可省略。

4. 落款

落款包括发文机关署名和成文日期，标示方式同其他公文文种。

（三）报告的分类及对应写作思路

报告可以分为工作报告、情况报告、答复报告、报送报告四种。报告在写法上一般由报告缘由、报告事项、报告结语构成，但在不同的种类下，报告的写作思路有所差异。

1. 工作报告

工作报告用来反映本单位的日常工作情况。其写作思路大体如下。

(1) 写基本情况：交代时间、背景和工作条件。

(2) 写主要成绩：工作过程、措施、结果和成绩。

(3) 写经验体会：从工作中概括出经验和体会。

(4) 写存在问题：工作中的缺点与不足。

(5) 写主要教训：工作失误的原因和应吸取的教训。

(6) 写今后意见：改进工作的意见，或提出今后开展工作的建议。

工作报告篇幅一般较长，上述六个方面即可写出六段，需恰当安排层次结构，尤其是各段的详略及中间的过渡。

2. 情况报告

情况报告用来反映工作中遇到的重大情况、特殊情况、新问题、新动态等。常用于向上级汇报下列事项。

(1) 严重的灾害、事故、案情、敌情。

(2) 重要的社情、民情，如新政策、新规定的贯彻执行情况及群众的反映等。

(3) 督促办理或检查工作的情况，如质量、安全、卫生等的检查结果。

(4) 举办重大活动、召开重要会议的基本情况，各级各类代表会议的选举结果等。

(5) 对某项工作的失误和问题的检讨与反思。

情况报告反映的内容很复杂，写法很难完全一致，按一般写法中的报告缘由 + 报告事项 + 报告结语三部分写即可。

3. 答复报告

答复报告用于答复上级询问、查询，如对信访、上告、投诉的答复。它不是主动行文，而是被动报告。答复报告的写作思路为：第一部分写答复依据，即简要写明上级要求回答的问题是什么；第二部分写答复事项，即针对所提问题答复的意见或处理结果。答复报告应写周全，但不要节外生枝。

4. 报送报告

报送报告是用于呈报文件、物件时附加的说明性公文，目的是使不能直接行文的普通文书如计划、总结、调查报告等能以公文形式上报。报送报告的写作思路为：报送说明报送材料、文件的名称、数量 + 结语(如"请收阅""请审核"等) + 附件。

（四）报告例文

工作报告例文：

××市教育局关于2015年××市教育工作的报告

××市人民政府：

一年来，我局围绕建设"教育强市"的战略决策，坚持以科学发展观为指导，以实施素质教育为主线，以办人民满意教育为目标，真抓实干，开拓创新，促进了全区各类教育事业健康发展。

一、主要做法及成绩

（一）坚持狠抓质量，努力做到以教学工作为中心不动摇。

（二）坚持以人为本，努力做到狠抓教师队伍建设不动摇。

（1）及时补充新鲜血液。我局争取市政府支持，公开招聘录用120名教师，进一步优化师资结构，提高师资队伍专业化水平。

（2）认真组织实施校长与教师的各级各类培训。先后组织15名校长参加了省、市校长高级培训班，这两年总计培训校长、教师4489人次，组织9969人次参加我市组织的继续教育活动。

（3）大力加强教师职业道德建设。从去年开始，我局组织召开加强全市师德师风建设动员大会，下发《关于进一步加强教师师德师风建设的实施方案》《××市教师管理方案》等文件，举办学校一把手法律法规教育培训班。专门成立师德师风领导小组和工作小组到各学校明察暗访，对在职教师从事有偿家教进行专项治理。两年共查处违规办班教师9人，在全市通报批评后，把违规收取的2.3万元全部清退给学生。组织召开全市师德师风经验交流会。教师节表彰奖励市优秀教师、优秀教育工作者和优秀师德标兵，组织十佳师德标兵巡回演讲，进一步提高全市广大教育工作者的师德水平和工作积极性。

（三）坚持强化管理，努力做到加强干部队伍建设不动摇。

（四）坚持多措并举，努力做到狠抓学校安全工作不动摇。

（五）坚持科学规划，努力做到促进全市教育均衡发展不动摇。

（六）坚持依法治教，努力贯彻执行党的教育路线、方针、政策不动摇。

（七）坚持民主集中，努力加强勤政、廉政建设不动摇。

二、存在的主要问题

（一）教育负债重。目前，全区各学校负债高达8000多万元，使得教育发展困难重重。

（二）教育发展不均衡。受经济发展水平制约，加之历史原因，城乡之间、城区内部学校之间的办学条件和水平均存在较大差距。

（三）教育布局不尽合理。中心城区上学难、大班额问题日益突出。城区教育布局与城市发展规划不配套，城区教育管理体制尚未理顺，农村学校逐渐萎缩。

（四）维稳工作压力较大。因改革带来的经济利益的重新调整和分配，原民办教师、民办幼师上访和教师绩效工资等问题没有得到解决，造成教育系统维稳工作压力不断增大。

（五）师资队伍建设有待进一步加强。目前，我市教师队伍存在着城区教师缺编严重和农村教师结构失衡的问题。

三、下步工作打算

（一）优化资源，加快中小学布局调整步伐。

（二）强化管理，加强干部教师队伍建设。

（三）多措并举，加大学校安全稳定工作力度。

特此报告。

××市教育局

2015 年 3 月 26 日

🖝 情况报告例文：

<h3 style="text-align:center">关于××特大交通事故的报告</h3>

××市委：

××年 3 月 21 日凌晨 2 点 50 分左右，一辆载有 31 名乘客的双层卧铺客车在行驶到××市境内的××大桥时，撞坏大桥护栏，摔落到距大桥 80 多米的山坡上，造成 27 人死亡，4 人重伤。

事故发生后，我局领导高度重视。局长×××当即指示，全力抢救伤员，查明事故原因，积极做好善后工作。并迅速成立以副局长×××为组长的救援指导小组立即赶往事故现场，指挥救援和善后处理工作，并调查事故原因。目前，现场救援和善后工作仍在紧张有序地进行中。

经调查得知，事故发生的主要原因有三方面：一是雨天路滑，造成司机控车不稳；二是司机超速行驶；三是桥梁设计存在一些问题。

这次事故的善后处理工作进行得比较及时，但也暴露出一些问题。对此，我局特制定如下对策：

一、改善桥梁设计。从路面到护栏之间的人行道上有一个台阶，如果把这个台阶提高一点，车辆在往下冲的时候，可能会受到更大力量的阻挡，从而减少车辆在此发生事故的概率。

二、依法加强源头管理，加大对客运车辆的监管力度，加强对驾驶员的驾驶安全教育和管理。加强交通安全管理工作，提高广大驾驶员和交通参与者文明交通及遵章守纪的素质，营造社会参与的良好氛围。

三、加大交通安全宣传教育力度，提高全民法制和安全意识。通过多元化交通安全宣传，扩大效应，增强效果。学校、机关、企事业单位应为进行交通安全和交通法规宣传教育活动制定各种措施。采取设置警示牌、发放宣传单等方式，进行交通安全宣传。扩大社区交通安全宣传教育面，采取有针对性的丰富多彩的宣传教育形式，寓教于乐，使广大交通参与者和人民群众提高交通安全意识和自我防范意识。

交通安全责任重于泰山，社会的稳定繁荣和家庭的快乐祥和是人民群众的共同追求，我相信，在市委的正确领导下，通过政府、运输企业、司机及全社会的共同努力，强化安全意识，齐抓共管，一定能有效防止交通事故频繁发生，开创我市道路交通安全工作新局面。

特此报告。

××市交通局

××年×月×日

📖 实例实践

你所在的×××公司总部来函，要求你所在的销售部报送 2015 年第一季度的销售业绩表。请你据此写一篇报送报告，所需的其他信息自拟。

五、函

（一）函的概念

函是适用于不相隶属机关之间商洽工作、询问和答复问题、请求批准和答复审批事项的公文文种。所谓不相隶属机关，是指双方在行政或组织上没有领导与被领导的关系、业务上没有指导与被指导关系的机关或单位。函因为有其行文的灵活性，所以有时隶属机关间也用函行文。

（二）函的写法

函的主体部分通常由标题、主送机关、正文、落款组成。

1. 标题

函的标题一般都是全要素标题，即由发文机关＋事由＋文种构成，如《茂名市统计局关于商洽代培统计人员的函》。

2. 主送机关

函的主送机关一般都只有一个。但有时因问题涉及两个以上的机关，也可以同时写两个以上的主送机关。

3. 正文

函从行文方式看可分为去函和复函，两者正文的写作思路有明显差异，因此需分开阐述。

（1）去函。去函正文的写作思路大体如下：

第一，叙述需要商洽、请求、询问、告知的事项。简明扼要，直陈其事。

第二，提出希望、请求、要求。

第三，结束语。去函的结束语可用"以上意见可否，请函复""敬请函复""特此函告"等。

（2）复函。复函正文的写作思路大体如下：

第一，引述来函，包括来函的标题、发文字号。例如，你局《关于商洽代培统计人员的函》(茂统局〔2015〕69号)收悉。

另外，如复函的内容较多，可在第一部分与第二部分之间用"经研究，现函复如下"过渡。

第二，写明答复，表达态度。例如，是否同意，同意将怎么办，不同意的原因及应该怎么办，并提出要求等。

第三，结束语。可用"此复""特此函复"等。

4. 落款

在正文的右下方签署发文机关名称和成文日期。

（三）函的例文

☞去函例文：

茂名市统计局关于商洽代培统计人员的函

湛江市统计局：

国务院《关于加强统计工作的决定》下达之后，我局曾计划集训我地区统计工作人员，但由于力量不足，至今未能实现。现在得悉你市将于近期举办统计人员讲习班，系统地培训统计工作人员，我们拟派出 10 名统计人员(地区 2 名，每县 1 名)随班学习，请你们代培。如蒙同意，将是对我地区统计工作的极大支持。代培所需费用由我局如数拨付。

敬请函复。

茂名市统计局
2015 年 5 月 23 日

☞复函例文：

关于代培统计人员的复函

茂名市统计局：

你局《关于商洽代培统计人员的函》(茂统局〔2015〕69 号)收悉。经研究，同意你局统计人员参加本次讲习班培训。

此复。

湛江市统计局
2015 年 5 月 28 日

📖 实例实践

请根据下函写一篇复函。

××大学人事处关于商洽李茂云同志调动工作的函

××学院人事处：

我校人文学院教师李茂云同志自 2005 年从湖北大学文学专业毕业后到我

校任教至今。他工作认真负责，教学、科研都取得显著成绩，于 2013 年被聘为副教授。然而，该同志一直单身在我校工作，与在贵单位工作的妻子×××同志及其他家庭成员分居两地。如今，体弱多病的母亲和不满周岁的儿子都需要照顾，而其妻一人难以胜任。据该同志多次申请，我校领导经过研究，同意该同志调往贵单位工作。

现特致函与你们商洽，敬请函复。

×× 大学人事处

2015 年 5 月 16 日

六、决定

(一) 决定的概念

决定是对重大事项、重大行动做出决策安排，奖惩有关单位及人员或撤销下级机关不适当的决定事项的公文文种。

从决定的定义可知决定的发文机关的级别往往比较高，一般的企事业单位不能使用。但有些企事业单位也用决定来奖惩有关人员，因此，本书也介绍这一文种。

决定可以由会议通过，如《中共中央关于构建社会主义和谐社会若干重大问题的决定》；也可由领导机关在职权范围内做出，如《共青团全国委员会关于授予李勇"优秀共青团员"称号的决定》。

(二) 决定的写法

决定的主体部分由标题、主送机关、正文、落款构成。因主送机关及落款与其他公文一致，下面只介绍标题和正文。

1. 标题

决定的标题一般采用完全式标题，即由发文机关＋事由＋文种构成，如《共青团全国委员会关于授予李勇"优秀共青团员"称号的决定》《×× 大学关于表彰 2015 年度优秀教师、优秀教育工作者的决定》等。若是由会议通过的决定，在标题下方还需标明决定通过的时间和会议名称。如：

中共中央

关于构建社会主义和谐社会若干重大问题的决定

(2006 年 10 月 11 日中国共产党第十六届中央委员会第六次全体会议通过)

2. 正文

决定的正文一般包括决定缘由、决定事项、决定结语三部分。

决定缘由：简明扼要地交代决定的依据、目的。

决定事项：写明决定实施的原则、方法、步骤或具体要求等。

决定结语：发出号召和希望。有些决定可以省略结语。

(三) 决定例文

××大学关于表彰2015年度学科建设工作先进集体和先进个人的决定

学院各部门：

近年来，我校在凝练学科方向、汇聚学科队伍、构筑学科基地建设等方面，成果显著，特别是在国家第九次学位授权审核中取得较好的成绩，我校的学位授权点数量增幅较大，学科布局、学科结构得到进一步改善，为将我校建设成为高水平研究型大学奠定良好的基础。

为表彰先进，进一步促进我校的学科建设，我校决定授予土木工程学院等三个单位为××大学"2015年度学科建设工作先进集体"称号，授予李茂云等55位同志为××大学"2015年度学科建设工作先进个人"称号。

希望全校各部门以及广大教职工向受表彰的先进集体和先进个人学习，同心同德，奋发进取，为实现我校学科建设的持续快速发展努力工作，为建设高水平研究型大学作出贡献。

附件：××大学2015年度学科建设工作先进集体和先进个人名单

××大学

2015年9月7日

📖 **实例实践**

请根据下列提示拟写一篇奖惩决定。

缘由：表彰先进，树立典型，促进学院班风班貌建设。

事项：表彰2015年先进班集体，先进班集体有14级工商(1)班等9个班集体。

发文机关：包头轻工职业技术学院。

成文日期：2016 年 9 月 10 日。

其他内容自拟，合理通顺即可。

七、纪要

（一）纪要的含义

纪要是一种用于记载或传达会议情况、会议精神、议定事项的公文文种。

纪要需对会议的目的、要求、主要精神及决定的事项，客观、真实、准确地加以归纳、整理，具有纪实性和提要性特点。

（二）纪要与会议记录的区别

纪要是对会议的记录，与会议记录类似，但两者有较大差别。

会议纪要是党政公文，它只是记录及提炼要点，其指示精神需要传达，其决定事项需要贯彻执行；而会议记录属于事务文书，它完整地记录整个会议过程，其成文后仅作为存档资料。因此，在实际工作中需根据需要使用。

（三）纪要的写法

纪要一般由标题、成文日期、正文、落款构成。

1. 标题

会议纪要的标题可以用单行标题或双行标题。

单行标题可由会议名称 + 文种构成，如"全国高等职业教育工作会议纪要"；也可由发文机关 + 事由 + 文种构成，如"省经贸委关于企业扭亏会议纪要"。

双行标题：正标题反映内容和精神，副标题表明会议名称和文种，如"穷追猛打，除恶务尽——某某市扫黄打黑工作会议纪要"。

2. 成文日期

纪要的成文日期可写在标题下行，居中。另外，也可与其他公文一致，写于落款或正文下行的右下角，右空 4 字。

3. 正文

会议纪要正文的结构一般由会议基本情况、会议精神和议定事项两部分构成。

(1) 会议基本情况：主要包括会议召开的形势及背景、时间、地点，会议的名称、主持人、与会人员、基本议程，会议的效果、意义、评价等。

(2) 会议精神和议定事项。会议纪要必须归纳提炼、真实反映会议内容，未取得一致意见的议题一般不写。这部分在行文中常用"会议认为""会议强调""会议听取""会议决定"等惯用语连接各段。

在第一部分与第二部分之间还常用"现将会议讨论及决定的主要事项纪要如下"过渡。

4. 落款

纪要中一般是办公室会议纪要需落款，其余的仅标成文日期。

(四) 纪要例文

纪要可以分为专题会议纪要、综合会议纪要。

专题会议纪要例文：

××县人民政府第六次常务会议纪要

时间：2015 年 7 月 2 日上午 8:30～12:00
地点：县政府常务会议室
主持：县长×××
出席：副县长×××、×××、办公室主任×××
请假：×××(出差)
列席：×××、×××
记录：×××

现将会议讨论及决定的主要事项纪要如下：

一、会议听取了副县长×××关于召开经济工作会议准备的情况汇报，讨论了扩大县属企业自主权的十条规定。会议同意县经济工作会议准备情况汇报，并决定于×月×日召开全县经济工作会议。

二、会议同意民政局关于民族事业管理使用办法的修订意见。

三、会议同意将县政府办公室提出的转变机关工作作风的规定意见(讨论方案)印发各部门，广泛征求意见，做进一步修改后，以县政府文件印发。

××县人民政府办公室
2015 年 7 月 2 日

📖 实例实践

请观看一段某单位会议视频并写一篇纪要。

✒️ 拓展阅读

××区人民政府关于表彰教育系统先进个人的通报

各乡镇人民政府，区政府各部门：

近几年来，全区广大教育工作者在区委、区政府的正确引导下，爱岗敬业，为人师表，勤奋工作，潜心育人，涌现出了一大批师德优秀、积极进取、乐于奉献的先进典型。为了总结成绩，表彰先进，区人民政府决定，授予李文学等 3 名同志"优秀校长"、张勇等 5 名同志"优秀管理工作者"、陈建国等 10 名同志"优秀班主任"、贺诗华等 10 名同志"优秀教师"、赵淑媛等 10 名同志"师德标兵"荣誉称号(名单附后)。

希望受表彰的同志发扬成绩，再接再厉，再创佳绩。全区教育系统广大干部职工要积极向先进学习，立足岗位，务本求实，扎实做好各项工作，为推进我区教育事业持续健康发展作出新的更大贡献。

××区人民政府

2016 年 9 月 8 日

这是一份评选结果的表彰性通报。标题由发文机关、事由和文种三个要素组成。正文第一段概括性地介绍了背景，说明表彰的目的，宣布表彰决定；第二段对受表彰者提出希望，进而提出号召。该通报层次清晰，言简意赅，通过树立先进典型起到激励和教育作用。

单元练习题

一、填空题

1. 2012 年 4 月 16 日，中共中央办公厅、国务院办公厅联合印发了《党政机关公文处理工作条例》，将公文种类由 13 种增至 15 种，即通报、＿＿＿＿＿＿、决定、_____、_____、_____、报告、_____、_____、通知、_____、_____、_____、_____、_____。

2. 公文格式的版心由_____、主体、_____三部分构成。

3. 行政公文标题是由_____、_____、_____组成的。

4. 通知适用于批转_____级机关的公文，转发_____级机关的公文；发布、传达要求_____级机关办理和单位需要周知或者共同执行的事项。

5. 通报分为_____、_____和_____三类。

二、判断题

1. 发文字号属于公文主体部分的要素。   （ ）

2. 公文标题中除法规、规章名称加书名号外，一般不用标点符号。（ ）

3. 发文机关标识就是公文的标题。   （ ）

4. 转下级机关的公文，应用"批转"；转上级机关或不相隶属机关的公文，用"转发"。   （ ）

5. 通知、通报都是下行文。   （ ）

三、改错题

(一) 修改下列标题

1. 国务院办公厅批转国家旅游局关于进一步清理整顿旅行社意见的通知

2. 国家旅游局关于批转国务院《旅行社管理暂行条例》的通知

3. 关于转发财政局《转发"财政部关于重申不得将国家资金转入银行储蓄的通知"的通知》的通知

(二) 指出下文错误并改正

关于禁止用白条子报帐的通知

各区、县级市政府、市府各部门、各直属机构

根据市府的统一部署，由市财局牵头成立财经纪律检查组，展开为期一个月的对全市行政机关、企事业单位进行财经纪律大检查工作。检查过程中我们发现一些单位，特别是集体建筑企业中，用白条报帐的现象极为严重，其中大都是经各单位领导同志签字批准的，这些白条子少则几元，多则几百元甚至上千元。这种做法不符合会计手续，是一种严重违反财经纪律的现象，必须杜绝。

特此通知

市人民政府(印章)
二〇一六年九月八日

四、写作

根据下面所给材料，撰写一份通知，要求格式准确规范、要素齐全。

2016 年 11 月 28 日，外国记者新闻中心向各国媒体驻华记者发了一个通知，通知的主要内容是定于 11 月 28 日下午 4:30 在外交部新闻发布厅(南楼蓝厅)举行记者会。届时将发布重要消息，不回答提问。欢迎各位记者参加。

第六章 口才概述

　　口才就是口语表达的技巧和才能。它是一个人知识水平、思维品质、反应能力、表达能力、内在气质的综合表现。在社交活动中，口才的作用不言而喻，良好的口语交际能力，既是社会发展的需要，也是人们自身发展的需要。本章主要介绍口才的含义、口才的素质构成、口才的基本训练方法。在日常学习和生活中，我们要努力掌握口语表达的技巧和才能。

第一节　口才与口才素质构成

　　语言是人类进行有效沟通的工具，是人类表达思想的载体，是人类繁衍至今凝练积淀、不可或缺的智慧。在社会生活中，口语交际是最直接的沟通方式，也是语言工具性的直接体现。通常，我们通过说话可以达到沟通或说服的目的，因此拥有出色的口才可以收到四两拨千斤、事半功倍的办事效果。

　　古往今来，凡成大业者几乎都善于交际，有出色的口才。古语中有"一言定邦""一言安邦""一言九鼎""语惊四座""三寸之舌，强于百万之师"等关于口才的名句。历史上，晏子使楚不辱使命，苏秦善辩合纵六国，孔明机智舌战群儒，无一不是对口才神奇功能的赞叹。随着时代的发展，口才的威力依然无可匹敌。面对国际争端，一场语言的智斗，同样能免除兵刃之灾；同外商洽谈、索赔，一段明断是非的犀利言辞，亦可赢得亿万财富；做战前的动员，几句呼喊，可使军心一致、士气大振；做调解纠纷，一席恳谈，如绵绵细雨浇灌心田，化干戈为玉帛；做心理咨询，一番通情达理温暖的话，可使庸人立志、浪子回头；求职面试，一番诚恳得体展露才华的表述，可成功地推销自己。难怪西方人把"舌头"同金钱、原子弹并列为当代威力最大的武器。

　　美国成功学大师卡耐基指出："一个人事业的成功只有 15%是靠他的专业知识，而另外 85%取决于他的交际能力和处世艺术。"当今社会是一个充满竞争与合作的信息化社会，我们所处的时代是一个讲究人际交往沟通的时代，口语交际不仅是人们日常生活之必需，也是直接影响个人前途和人生发展的重要因素。

随着传播媒介的高科技化，电话、网络使得口语也能像书面语一样"传于异地，达于异地"，视频聊天、电话交流几乎把往日让人们充满遐想的鸿雁传书之类的交际手段淘汰出局。可以说，口语已成为每个人交际、交流的最基本也是最重要的方式。它不仅仅是人们交流信息的形式，甚至成为一种与人们的一切利益息息相关的言语艺术。"口才就是生产力"，良好的口语交际能力，既是人们自身发展的需要，也是社会发展的需要。

一、口才的含义

口才是人们在各种口语交际活动中，根据特定的交际目的，切合特定的语境，准确、得体、恰当、生动、巧妙地表情达意、传递信息，以取得良好交际效果的才能。简而言之，口才就是口语表达的技巧和才能，它是一个人知识水平、思维能力、反应能力、表达能力的综合表现。中国著名演讲家邵守义有一句名言："是人才未必有口才，有口才必定是人才。"有口才的人说话具有"言之有物、言之有序、言之有理、言之有情"等特征。中国著名口才理论家文若河认为，口才有初级口才和高级口才之分。初级口才即只要没有生理疾患，能张嘴说话的人都拥有的说话能力；高级口才要求人们不仅要会说话，还要说得好。有学者将口才更加明确地定义为：在口语交际的过程中，表达主体运用准确、得体、生动、巧妙、有效的口语表达策略，以达到特定的交际目的，取得圆满交际效果的口语表达的艺术和技巧。文若河认为，口才是一种综合能力，不仅包括表达，还有聆听、应变等多项能力。文若河认为善表达、会聆听、能判断、巧应对，是衡量好口才的重要标准。

从人们的语言交际实践看，口才主要表现为说话的八种能力，即心理能力、思维能力、倾听能力、态势语言配合能力、说明能力、吸引能力、说服能力，感人能力。它全方位打造真正具有综合素质的现代型人才，从耳根子、嘴皮子到笔杆子再到脑瓜子，全面提升一个人的综合实力。

二、口才素质构成

（一）心理能力

美国的研究人员曾在 3000 多人中做了一个调查，题目是：你最担心的是什么？调查的结果让人大吃一惊：约有 40% 的人认为，最令人担心也最令人痛苦的事，是在大庭广众之下讲话。由此可见，口语表达的心理恐慌是个人展示口才的第一个障碍。

　　口语交际中常见的心理障碍主要表现为胆怯、自卑、羞怯、恐惧的情感及心理活动。导致心理障碍的根本原因是对目标的强烈追求与担心目标追求难以成功之间的反差，反差度越大，心理障碍就越严重。战胜各种负面心理的方法在于正确认识和估价自己。直接的自我暗示和自我肯定能帮助自己克服胆怯和自卑，抓住一切可以锻炼的机会来展示自己，经过不断的总结和积累，可以形成健康的交际心理，心理能力是成功表达自我的关键。

（二）思维能力

　　语言是思维的外化，语言能力的高低取决于个人的思维能力。一个思维敏捷、缜密的人，可以用极简洁的言语表达极丰富的思想感情；而一个思维迟钝、混乱的人，说话自然不得要领。古人说"慧于心而秀于口""精于思而美于言"，说明口语表达与人的思维息息相关。"心中所想"不够，"口中所言"自然也就力度不足。在口才的学习中，我们有目的地从思维的广度、深度以及灵敏度等方面进行训练，就能起到"一窍通而百窍开"的效果。

（三）倾听能力

　　有人说，上帝给人一张嘴、两只耳朵，就是让人多听少说。这句话指出口语交际中，"听"是说的前提，没有良好的听辨能力，就会听而不闻，或者听而不知其意，甚至曲解信息，更别提领会他人言语中的弦外之音了。所以一个能说会道的人往往是个善于听别人说话的人。倾听可以获得更多的信息，丰富自己说话的内容，而且一个好的倾听者，会使对方感觉得到了尊重，从而能调节人际关系。

（四）态势语言能力

　　态势语言是一种依靠面部表情、手势和身体姿态来辅助表达思想感情的表达方式。心理学家曾经总结出这样一个公式：一条信息的表达由 45% 的有声语言与 55% 的无声语言组成。这表明人在交往中，口头语言和态势语言是全面掌握信息不可分割的整体，一个自然而富有表现力的态势语言会加强有声语言的力度，甚至取得"此时无声胜有声"的效果。

（五）语言表达能力

语言表达能力即把话说得准确、明白的能力。一般人认为，这是口语表达最基本的要求。其实，说话时思路清晰，把意思讲准确、讲明白，使听者一听了然，也是不容易的。良好的语言表现能力是说话者语言、学识、风度的综合表现，是一个人思维敏捷、快速反应的语言艺术能力。

 拓展阅读

拿糖果的小孩

有一个聪明的男孩儿，一天，妈妈带着他到杂货店去买东西。老板看到这个小孩儿非常可爱，就打开一罐糖果，要小孩儿自己抓一把。但是，这男孩儿却没有任何动作。几次邀请之后，老板亲自抓了一大把糖果放到他的口袋里。

回家后，母亲好奇地问小男孩儿，为什么不自己去抓糖果而要老板抓呢？小男孩儿的回答很妙："因为我的手比较小哇！而老板的手比较大，所以他抓的一定比我抓的多很多！"

这是一个聪明的孩子。他知道借别人之手，有时会给自己带来更多利益的道理。自己的事业在发展中是不可能不要别人的帮助的。如何要呢？别人以怎样的方式帮助，才能给自己最大的利益呢？这个小孩儿似乎已经给出了答案。

请你说说，在工作中如何说，才能让对方帮助自己达到目的呢？

第二节 训练口才的方法

口语能力的强弱主要是由思想修养、思维能力、知识基础和语言感受力决定的。口才并非天生铸就，而是靠后天知识积累和刻苦训练得到的，即使讲演大家也概莫能外。练就一副好口才，不仅要能吃苦，还要掌握一些行之有效的方法，才能取得事半功倍的效果。下面介绍几种简单易学的训练方法。

一、速读法

"速读"也就是快速地朗读。这种训练方法的目的，在于使人口齿伶俐、

语音准确、吐字清晰。方法是：找一篇演讲词或一篇文辞优美的散文，先默读一遍，掌握文辞大意，然后开始朗读。一般先慢后快，逐次加快，最后达到个人所能达到的最快速度。快的前提一定是吐字清楚、发音准确、干净利落，读的过程中不要有停顿。

二、背诵法

良好的记忆是训练口才必不可少的一种素质。没有好的记忆力，要想培养出好口才是不可能的。只有大脑中积累了充分的知识，才可能张口即出，滔滔不绝。如果大脑中一片空白，即便伶牙俐齿，也无济于事。通过背诵，我们既可以锻炼记忆力，又可积累必要的知识。

背诵的要求和方法：先选一篇自己喜欢的演讲词、散文、诗歌，一是要求"背"，二是要求"诵"(即大声地说出)。这种训练的目的有两个：一是培养记忆能力，二是培养口头表达能力。背诵训练时还要对作品进行一些技巧上的处理，如确定重音、停顿，语调的抑扬顿挫等。

三、练声法

在生活中，练声法可以让我们的声音饱满圆润、悦耳动听。练声的方法有以下两种。

1. 练气

气息是人体发声的动力和基础。练气就是练习吸气和呼气。吸气的要领是两肩放松，口鼻同时进气，仿佛在闻花香。吸气要深，小腹收缩，整个胸部要撑开，尽量把更多的气吸进去。呼气的要领是慢，要让气慢慢地呼出，做到匀、稳、缓。

2. 练声

声音是通过气流振动声带而发出来的。练声就是练习发音器官的发音技巧。在练习发声以前要做一些准备工作：第一，动嚼肌。进行张闭口的练习，活动嚼肌，练声时就轻松自如了。第二，振鼻腔。没有胸腔、鼻腔这两个共鸣器，声音会很单薄，音色较差。练习鼻腔共鸣的方法是，学牛叫。第三，练吐字。准确把握声、韵、调的发音要领是汉字正确发音的基础，除此之外，还要遵循汉字的音节结构特点，尽量将每个汉字的发音过程处理成为"枣核形"，做到"珠圆玉润"，即以声母或者韵头为一端，以韵尾为另一端，韵腹为核心，发音要领是：咬字头、立字腹(圆)、收字尾。

四、复述法

复述法，简单地说就是把别人的话或者一篇文字材料重复地叙述。这种训练方法在于锻炼人的记忆力、反应力和语言思维的逻辑性。其方法是：选一段长短适中、有一定情节或者逻辑线索的文章，最好是小说或演讲词中叙述性强的一段，请朗诵较好的同学进行朗读，然后听一遍复述一遍，反复多次地进行，直到能完全把这个作品复述出来。这种练习绝不单单在于背诵，而是同时锻炼语言思维的逻辑性。开始练习时，最好选择句子较短、内容活泼的材料进行。这样便于把握、记忆、复述。随着训练的深入，可以逐渐从复述记叙文转为议论文。这样由易到难，循序渐进，效果会更好。

五、模仿法

任何一个学习过程都要经过一个模仿的阶段，训练口才同样可以采用模仿法，由声音"惟妙惟肖"到"形神兼备"。方法是：借助广播、电视、电影等媒体，随时随地跟着播音员进行模仿，从声音、语调、语气、语速，到神态、表情、动作，边听边模仿，边看边模仿，天长日久，口语能力自然会得到提高。

六、描述法

描述法就是把看到的景、事、物、人用描述性的语言表达出来。当能够流畅地复述时，就可以用这种方法练习，由自己去组织语言描述事物。描述法训练的主要目的是训练个人的观察能力、语言组织能力和语言的条理性。其方法是将一幅画或一个景物作为描述的对象，先对要描述的对象进行观察，将这些对象的特征在脑海中归纳或者分类，然后再抓住事物的特点，有顺序地进行描述。

七、角色扮演法

角色扮演法，是根据材料中不同的人物角色，用语言将不同的角色生动地表现出来。其方法是：选一篇有故事情节的文字材料，然后对选定的材料细心揣摩，特别要分析人物的语言特点，接着根据作品中人物的多少，找同学分别扮演不同的人物角色。比比看，谁扮演得惟妙惟肖。当然，也可一个人扮演多种角色，以此培养自己的语言适应力。这种训练在于培养人驾驭各种人物语言的能力，以及对人物个性、表情、动作的把握。

 实例实践

一、口才训练法

1. 积极心态训练：

(1) 自我暗示。每天清晨默念 10 遍"我一定要最大胆地发言，我一定要最大声地说话，我一定要最流畅地演讲。我一定行！今天一定是幸福快乐的一天！"(平常也自我暗示，默念或写出来，至少 10 遍)

(2) 想象训练。每天至少花 5 分钟时间想象自己在公众场合成功地演讲，想象自己能够成功。

(3) 每天至少花 5 分钟时间在镜前学习微笑，展示自己的手势及形态。

2. 口才锻炼：

(1) 每天至少花 10 分钟时间做深呼吸训练。

(2) 抓住一切机会讲话，锻炼口才。

① 每天至少与 5 个人有意识地交流思想。② 每天大声朗诵或大声讲话至少 5 分钟。③ 每天训练自己"三分钟演讲"一次或"三分钟默讲"一次。④ 每天给亲人、同事至少讲一个故事或完整叙述一件事情。⑤ 注意讲话时的技巧：A. 讲话前，深吸一口气，平静心情，面带微笑，眼神交流一遍后，再开始讲话。B. 勇敢地讲出第一句话，声音大一点，速度慢一点，说短句，语句中间不打岔。C. 当紧张卡壳时，停下来有意识地深吸气，然后随着吐气讲出来。D. 如果表现不好，自我安慰："刚才怎么又紧张了？没关系，继续平稳地讲。"用自信战胜恐惧。E. 紧张时，可以做放松练习，深呼吸，或尽力握紧拳头，又迅速放松，连续 10 次。

3. 辅助锻炼：

(1) 每天至少花 20 分钟时间阅读励志书籍或口才书籍，培养自己的积极性，学习一些技巧。

(2) 每天放声大笑 10 次，乐观面对生活，放松心情。

(3) 训练接受他人的视线、目光，培养观察能力，增强自信心。

(4) 养成微笑的习惯，要笑得灿烂、笑得真诚，增强亲和力。

（5）学会检讨，每天总结得与失，写心得体会。每周要全面总结成效，找出不足，并确定下周的目标。

二、读绕口令

1. 八百标兵奔北坡，炮兵并排北坡跑；炮兵怕把标兵碰，标兵怕碰炮兵炮。

2. 哥挎瓜筐过宽沟，赶快过沟看怪狗；光看怪狗瓜筐扣，瓜滚筐空怪看狗。

3. 洪小波和白小果，拿着箩筐收萝卜。洪小波收了一筐白萝卜，白小果收了一筐红萝卜。不知是洪小波收的白萝卜多，还是白小果收的红萝卜多。

三、试试看，你的潜力怎么样？

1. 深吸一口气，数数，看能数多少。

2. 跑 20 米左右，然后朗读一段课文，尽量避免喘气声。

拓展阅读

幽 默 是 美 德

讽刺不是一种美德，而是一种武器——几乎总是转过去对付别人的。这是恶意的、挖苦的、毁灭性的笑，是伤人的、能够杀人的笑，是仇恨的笑，是战斗的笑。这是一种自视甚高的笑，是一种嘲弄的、但决不针对自己的笑。这毁灭或束缚了不止一个天才。

幽默嘲笑自己，或者把别人当成自己一样嘲笑，而且在任何情况下，都把自己包括在他设立或揭露的荒谬言行之内。它把悲伤变成喜悦，幻灭变成滑稽，失望变成快乐。它平息傲气，因此也平息仇恨、愤怒、不满、狂热、刻板、侮辱、直至讽刺。

讽刺伤害人，幽默治愈人；讽刺可以杀人，幽默帮助人活下去；讽刺意在控制，幽默则要解放，讽刺是冷酷无情，幽默是宽大为怀；讽刺使人屈辱，幽默则是谦虚的。

幽默似乎在说："瞧！这就是你感到多么危险的世界！一种儿戏！所以最好还是开开玩笑！"例如这个在星期一被人送上绞架的死囚喊道："这一个星期的头开的不错！"幽默之中有勇气、崇高、慷慨。自我在其中似乎摆脱了自己。弗洛伊德指出："幽默不仅有点像解放者，而且还有某种高尚和高雅的东西。"

请同学们说说，大家怎样才能在说话中带有幽默感，并且使自己成为一个具有幽默感的人。

单元练习题

一、填空题

1. 口才主要表现为说话的八种能力，即_____能力、_____能力、_____能力、_____能力、_____能力、_____能力、_____能力、_____能力。

2. 文若河认为_____、_____、_____、_____，是衡量好口才的重要标准。

3. 良好的口语交际能力，既是人们_____的需要，也是_____的需要。

4. 口语能力的强弱主要是由_____、_____、_____和_____决定的。

5. 训练速读法的目的，在于使人_____、_____、_____。

6. 描述法就是把看到的_____、_____、_____、_____用描述性的语言表达出来。

二、判断题

1. 约有 40%的人认为，最令人担心也最令人痛苦的事，是在大庭广众之下写作。 （　　）

2. 构成口才素质的能力是，心理能力、思维能力、倾听能力、态势语言能力和语言表达能力。 （　　）

3. 语言能力的高低取决于个人的思维能力。 （　　）

4. 角色扮演法在于培养人驾驭各种人物语言的能力，以及对人物个性、表情、动作的把握。 （　　）

5. 复述法这种训练，在于锻炼人的记忆力、反应能力和语言思维的逻辑性。 （　　）

6. 背诵法的目的是培养记忆能力及口头表达能力。 （　　）

三、简答题

1. 口才的含义是什么？

2. 什么是衡量好口才的重要标准？

3. 角色扮演法是如何定义的？

4. 描述法的主要目的是什么？

第七章 基础口才训练

　　普通话是中华民族的通用语言。规范语音、恰切表意、准确聆听是口才训练的基础。朗读、复述是口才训练的基本方法。本章主要学习普通话、朗读、复述等基础口才的训练方法和技巧。

第一节　普通话训练

一、规范使用普通话

　　普通话是"以北京语音为标准音，以北方话为基础方言，以典范的现代白话文作品为语法规范的现代汉民族共同语"。1982 年《中华人民共和国宪法》第 19 条规定："国家推广全国通用的普通话。"2001 年 1 月 1 日《中华人民共和国国家通用语言文字法》实施，明确规定"国家通用语言文字是普通话和规范汉字"。从此，普通话有了明确的法律地位。规范使用普通话是现代社会发展的需要，是提高语文能力的需要，是将来工作的需要。

（一）普通话声母训练

　　普通话中有 21 个声母，分 7 类：双唇音(b、p、m)、唇齿音(f)、舌尖前音(z、c、s)、舌尖中音(d、t、n、l)、舌尖后音(zh、ch、sh、r)、舌面音(j、q、x)、舌根音(g、k、h)。

　　规范使用普通话，需要明确普通话语音与当地汉语方言的差异。

1. 分清 n 与 l

　　n 发音时，舌尖抵住上齿龈，软腭下降，打开鼻腔通路，声带振动；气流从鼻腔通过。

　　l 发音时，舌尖抵住上齿龈，软腭上升，堵塞鼻腔通路，声带振动；气流从舌头两边流出。

📖 实例实践

一、对比辨音

女客—旅客　男子—篮子　脑子—老子　年长—连长

那月—腊月　老农—老龙　难住—拦住　新娘—新郎

送你—送礼　水牛—水流　泥巴—篱笆　眼内—眼泪

二、念一念

练一练，n、l 的发音要分辨。l 是边音软腭升，n 是鼻音舌靠前。你来练，我来念，不怕累，不怕难，齐努力，攻难关。

2. 分清 f 与 h

f 发音时，下唇接触上齿，形成窄缝，软腭上升，堵塞鼻腔通路；声带不振动；气流从窄缝中挤出，摩擦成声。

h 发音时，舌根接近软腭，软腭上升，堵塞鼻腔通路；声带不振动；气流从缝隙中挤出，摩擦成声。

📖 实例实践

一、词语练习

f—h　发话　发狠　发挥　反悔　繁华　饭盒　废话　分化　丰厚　凤凰

h—f　豪放　豪富　何妨　和风　洪峰　画舫　花房　化肥　花费　花粉

二、绕口令

金凤凰，银凤凰，凤凰山上画凤凰。金凤凰画红凤凰，银凤凰画黄凤凰。金凤凰不让银凤凰画黄凤凰，银凤凰不让金凤凰画红凤凰。金凤凰只好画花凤凰，银凤凰只好画粉凤凰。

3. 分清 zh、ch、sh 和 z、c、s

(1) zh—z：

zh 发音时，舌尖上翘抵住硬腭前部，软腭上升，堵塞鼻腔通路；声带不振动；然后舌尖离开硬腭前部，形成窄缝，气流从窄缝中挤出。

z 发音时，舌尖平伸抵住上齿背，软腭上升，堵塞鼻腔通路；声带不振动；然后舌尖离开上齿背，形成窄缝，气流从窄缝中挤出。

（2）ch—c：

ch 发音方法与 zh 大致相同，差别只在舌面稍离前硬腭时有一股较强气流冲出。

c 发音时，舌尖平伸抵住上齿背，软腭上升，堵塞鼻腔通路；声带不振动；然后舌尖离开上齿背，形成窄缝，气流从窄缝中挤出。

（3）sh—s：

sh 发音时，舌尖上翘接近硬腭前部，形成窄缝，软腭上升，堵塞鼻腔通路；声带不振动；气流从窄缝中挤出，摩擦成声。

s 发音时，舌尖平伸接近上齿背，形成窄缝，软腭上升，堵塞鼻腔通路；声带不振动；气流从窄缝中挤出，摩擦成声。

📖 实例实践

一、词语练习

zh—z	正品—赠品	实质—识字	战时—暂时	找到—早到
	铡草—杂草	主力—阻力	摘花—栽花	支柱—资助
	仿照—仿造	大志—大字		
ch—c	鱼翅—鱼刺	初步—粗布	乱吵—乱草	清炒—青草
	臭钱—凑钱	春装—村庄	吹动—催动	常驻—藏住
	推迟—推辞	木柴—木材		
sh—s	诗人—私人	近视—近似	收集—搜集	商业—桑叶
	闪光—散光	熟语—俗语	不少—不扫	申述—申诉
	纱网—撒网	午睡—五岁		

二、绕口令

1. 四是四，十是十，十四是十四，四十是四十。四不是十，十不是四，十四不是四十，四十不是十四。谁说十四是四十，就打谁十四，谁说四十是十四，就打谁四十。

2. 树上挂个小枣，树下站个小赵。小赵打小枣，小枣掉进草。小赵在草里找枣，枣太小不好找。小赵分开草细细找枣，找到了掉进草里的枣。

3. 叶上一条蚕，树上一只蝉，蚕常在叶里藏，蝉常在树里唱。

（二）普通话韵母训练

韵母，是一个音节中声母后面的部分。

普通话有 39 个韵母。单韵母：舌面单韵母(a、o、e、i、u、ü、ê)、舌尖韵母(-i 前、-i 后)、卷舌韵母(er)；复韵母：前响复韵母(ai、ei、ao、ou)、后响复韵母(ia、ie、ua、uo、üe)、中响复韵母(iao、iou、uai、uei)；鼻韵母：前鼻韵母(an、en、in、ün、ian、uan、üan、uen)、后鼻韵母(ang、eng、ong、ing、iang、iong、uang、ueng)。以下标注部分应注意区分的韵母。

1. en—eng

en 先发 e，然后舌头前伸、舌尖抵住上齿龈，软腭下垂，收鼻音 n。

eng先发 e，然后舌头后缩、舌根抬起抵住软腭，软腭下垂，收鼻音 ng。

2. in—ing

in 发 i，然后舌头前伸，舌尖抵住上齿龈，软腭下垂，收鼻音 n。

ing发 i，然后舌头后缩，舌根抬起抵住软腭，软腭下垂，收鼻音 ng。

3. an—ang

an 先发 a，然后舌尖抵住上齿龈，软腭下垂，收鼻音 n。

ang先发 a，然后舌头后缩，舌根抬起抵住软腭，软腭下垂，收鼻音 ng。

📖 实例实践

一、词语练习

en—en	根本	振奋	深沉	认真	神人	愤懑	纷纷	人参
	涔涔	本分						
eng—eng	丰盛	整风	登程	生成	奉承	风筝	声称	省城	逞能
	横生								
en—eng	深根—深耕	人事—仍是	分赴—丰富	市镇—市政
	伸张—声张	长针—长征	木盆—木棚	深思—生丝
an—ang	担当	班长	繁忙	反抗	擅长
ang—an	商贩	当然	傍晚	账单	方案
an—ang	扳手—帮手	女篮—女郎	担心—当心	弹送—唐宋
	看家—康佳	战防—账房	闪光—赏光	涂染—土壤
in—in	拼音	亲近	辛勤	引进	临近	尽心	信心	金银	贫民	音信
ing—ing	清醒	精灵	经营	明镜	精英	精兵	情景	英灵	零星	悻悻

in—ing 　临时—零食　不仅—布景　严谨—盐井　印度—硬度
　　　　　　筋肉—精肉　尽心—精心　信服—幸福　红心—红星

二、绕口令

1. 天津和北京，津京两个音，津是前鼻音，京是后鼻音。你要分不清，请您仔细听。

2. 丁丁有盏灯，登登有枚钉，定定有条凳，朋朋有盒饼。登登帮丁丁点灯，定定帮登登打钉，丁丁帮定定搬凳，朋朋给丁丁、凳凳和定定吃饼。

3. 高高山上一根藤，藤条头上挂铜铃。风吹藤动铜铃响，风停藤定铜铃停。

（三）普通话声调训练

音节的高低升降能够区别意义，高低升降的变化形式叫声调。普通话有四个声调：阴平、阳平、上声、去声。

1. 读准调值

阴平：高而平，没有升降变化，调值为55。如声、音、山、桌等。

阳平：声调由中向高扬起，调值为35。如昂、阳、梅、拔等。

上声：声调由次低降到最低，再升到次高，调值为214。如好、老、美等。

去声：声调由高降到最低，中间没有曲折，调值为51。如特、亮、冒等。

2. 克服习惯性误读

由于受方言语音的影响，普通话中的阳平字被误读为上声或去声。例如，节(jié)日误读为(jiě)，国(guó)家误读为(guǒ)，幸福(fú)误读为(fǔ)，媳(xí)妇误读为(xǐ)。普通话的去声字，有些误读为上声或阳平。例如，腹部(fù)误读为(fǔ)，质(zhì)量误读为(zhǐ)，亚(yà)洲误读为(yǎ)，比较(jiào)误读为(jiǎo)，理发(fà)误读为(fǎ)，暂(zàn)时误读为(zǎn)或(zhàn)。普通话的阴平字，有些被误读为上声或阳平。例如，褒(bāo)义误读为(bǎo)，细菌(jūn)误读为(jǔn)，侵(qīn)略误读为(qǐn)，几(jī)乎误读为(jǐ)。所以，在学习普通话时要认真辨析，逐个记忆。

由于受汉字偏旁、多音字、形似字、异读字等影响，有些字易读错声调。这些声调误读的字甚至在广播、电视、播音中也经常出现，因此一定要重视并予以纠正。例如，脂(zhī)肪误读为(zhǐ)，供(gōng)给误读为(gòng)，符(fú)合误读为(fǔ)，处(chǔ)理误读为(chù)，骨髓(suǐ)误读为(suí)，脊(jǐ)梁误读为(jí)，悄(qiǎo)然误读为(qiāo)，挫(cuò)折误读为(cuō)，友谊(yì)误读为(yí)。

二、准确聆听信息

现代社会是一个沟通无所不在的时代，怎样准确地把握说话者的意图，正确理解对方的话语，在生活、工作中显得格外重要。据调查，人们每天花在沟通上的时间是：倾听为46%，说话为26%，阅读为15%，书写为13%。显然，聆听在交际中是非常重要的。

人在内心深处，都渴望得到别人的尊重。聆听是一项技巧，是一种修养，甚至是一门艺术。学会聆听应该成为每个渴望事业有成的人的一种责任，一种追求，一种职业自觉。聆听是优秀人才必不可少的素质之一。

有效的沟通始于真正的聆听。

聆听是沟通的开始。只有建立起相互尊重的基础，沟通才能顺利进行。当有人和你说话时，你要停下手上的活，认真地听他讲话。对方会有被重视的感觉，在接下来的谈话中，别人也会同样认真地听你讲话。这样，在愉快的交谈气氛中，你们也达到了沟通的目的。

聆听是获取新知的过程。要知道，善于聆听的人，总是能够从别人的谈话中获得新鲜的知识。每个人的知识结构是不相同的，认真聆听对方的话，也许就能让困扰你多时的问题得到解答。从别人的谈话中可以了解新的信息，接受新的见解，得到一个新的获得知识的途径。俗话说得好——"锣鼓听声，说话听音"。聆听水平的高低，在一定程度上决定了沟通能力的好坏。

（一）基本要求

1. 听完整

耐心地听，把说话者表达的内容从头至尾听完，这样才能准确地把握信息。在别人说话时，要集中注意力，耐心地听，一般不要打断别人说话。为了防止听时疏漏，或者记忆有误，听的同时可记下重要内容。

2. 听明白

聆听不是不动脑子、随便听听，而是要集中精力，认真、用心地听，把说话者表达的意思明白无误地接收下来。一要抓住关键词语，二要抓住说话者的说话意图，三要抓住说话者所传递的主要信息。

3. 听深入

对听到的话语信息，既要听出言外之意、话外之音，又要做出积极能动的心理反应。

（二）聆听的技巧

1. 态度技巧

要实现积极的聆听，就要做到耐心、虚心。聆听的首要方法就是尽可能地消除那些来自内部或外部的干扰，把注意力完全放在说话者的身上，耐心聆听，才能明白对方说了些什么以及对方的话所代表的态度和含义。此外，在听别人谈话时，应抱着虚心的态度。有些人对他人抱有成见，如"这个人老是爱贪小便宜"等，这些成见会直接影响自己对他人话语的理解，导致错误的判断，也就不可能有正确的聆听。有些人觉得自己在某一问题上比别人懂得多，常常中途打断他人的讲话，急于阐述自己的看法和意见，喜欢教育别人。这种"强势推销"和"好为人师"的人当然也不会成为积极的聆听者。

2. 语言技巧

积极聆听是一种艺术。学习和掌握一些有效的行为及语言技巧会收到良好的聆听效果。在日常交谈中，即使我们还没有开口，我们内心的感觉就可能已经通过肢体语言清清楚楚地传达出来了。因此，运用一些恰当的肢体语言，如自然的微笑、得体的坐姿、亲切的眼神、点头或手势等，能够起到促进交流、消除心理隔阂、鼓励交谈者自然而尽情地表达情感的作用。当然，除了肢体语言以外，话语在积极聆听过程中也发挥着十分重要的作用。聆听者可以提出一些诸如"你认为这是关键问题吗？""你的意思是……""你能说得明白一些吗？"之类的问题。这些提问让对方感到你对该话题感兴趣，从而更乐意与你交谈，为你提供更多的信息，有助于你理解问题的各个方面。另外，一些如"嗯""是这样""真有意思"等中性评价性语言既能表示聆听者对谈话感兴趣，又能给对方以精神上的鼓励。当然，也可以使用重复话语的技巧，如运用"按我的理解，你的意思是……""你是说……"以及"所以你认为……"等句式来重述谈话者的观点。这种重复表明你在倾听并需要确认对方话中的含义。重复的重要性在于让聆听者及时发现有无曲解对方的话语。此外，总结式的语言也很重要，尝试利用"你主要是说……"和"如果我的理解没错的话，你认为……"等说法，让他人对自己的观点做出总结，避免自己首先下主观结论，这在积极聆听的过程中更有价值。

3. 情感交流

俗话说："酒逢知己千杯少，话不投机半句多。"在聆听别人谈话的过程中，要认真揣摩对方要表达的感情和含义，努力理解说话人的内心世界，这样会加快聆听者和谈话者之间的沟通，帮助聆听者迅速找到能够与谈话者产生精神共鸣的话题和内容。"有动于中，必形于外"，当聆听者内心的感情与倾听对象达到共鸣时，表情会自然而然地随着谈话内容而发生变化，情感上会和对方产生交流。例如，对方讲笑话或幽默时，聆听者开怀大笑，会增强讲话人的兴致；说到紧张之处，聆听者屏气凝神，让讲话人感受到聆听者的专注。这种积极的情感反馈自然会获得良好的聆听效果。

三、恰当表达意图

恰当表达意图就是在口语交际中，要做到准确、鲜明、简明、得体。人与人之间进行口语交际，表情达意恰切与否直接影响交际的效果。掌握了表意恰切的要领，在交际中会收到预期的甚至是超出预料的效果，从而促进工作的开展；反之，则可能会导致言不尽意，造成模糊、歧义、误解、尴尬的局面，乃至影响工作的效果。

表达准确就是要看词义范围的大小，看词义的轻重，看词的适用对象，看词的感情色彩，看词的搭配习惯，还要做到用词规范，语序顺畅，句意完整。能够适当添加修饰性或限制性词语，准确表达说话者的本意。

鲜明就是要明确、合理地表情达意。

简明，即简要、明白，使对方能够准确无误地理解，不会产生歧义。

得体就是能根据语境条件恰当地使用语言，即用语能根据表达的目的、对象、场合、方式的差异来调整，与语境保持和谐一致，分寸得当。既要考虑对象，根据不同交际对象的社会背景、文化修养、语言习惯等采用相应的语言形式；又要考虑场合，在不同场合(如正式场合、工作场合、日常生活、娱乐场所等)采用不同的语言形式；还要考虑目的，目的不同，语言表达自然有别。语言得体涉及的面较广，它不仅是语言形式问题，也和人的思想水平、道德修养、知识背景、情感气质等因素有关。

第二节　朗　读　训　练

一、朗读的含义

朗读是用清晰、响亮的声音把文章读出来，以传达文章思想内容的一种口语表达方式。从某种意义上说，是把文字作品转化为有声语言的创作活动，也就是朗读者在理解作品的基础上用自己的语音塑造形象、反映生活、说明道理、再现作者思想感情的再创造过程。朗读是口才训练的基本功。

二、朗读的基本技巧

（一）轻重音技巧

说话时，为了突出某个意思，而把某些词、词组的音量加大，讲得重些，就是重音。重音具有区别词意的作用，读重、读轻表达的意思不一样。重音可分为两种。

(1) 语法重音。语法重音是按语言习惯自然重读的音节。例如，"谁给他们医疗费？""谁"要重读。一般语法重音不带特别强调的色彩，不需过分强调。

(2) 强调重音。强调重音也叫逻辑重音，是语句中为了突出或强调说话人的某种意图和态度而重读的词语。例如，"谁能把花生的好处说出来？""好处"要重读。

体现重音的方法，一是加大音量，二是拖长音节，三是一字一顿，四是夸大调值(调值有一个五度表：一声 55，二声 35，三声 214，四声 51)。

例如，苏轼的《念奴娇·赤壁怀古》：

大江东去，浪淘尽、千古风流人物。故垒西边，人道是，三国周郎赤壁。乱石穿空，惊涛拍岸，卷起千堆雪。江山如画，一时多少豪杰。

轻音：由于表情达意和创造特殊表达效果的需要，把话讲得轻一些，音量小一些，就是轻音。例如，徐志摩的诗《再别康桥》：

轻轻的我走了，正如我轻轻的来。

（二）停连技巧

语言的排列是有一定顺序的，它把孤立的、分散的事实和意义用语句连接起来。正是这种有序性决定了我们在说话时必须有正确的停顿和连接，否则就会造成信息的混乱，导致理解的困难和歧义。停顿是体现语言节奏和意义不可缺少的表达手段。

有一则笑话，一人去朋友家，久居不去。主人写下两句话"落雨天留客，天留我不留"，因为竖写，没有标点，客人便提笔断句："落雨天，留客天，留我不？留。"弄得主人啼笑皆非。

1. 停顿

停顿是指语句或词语之间声音上的间歇。它包括生理停顿、语法停顿、逻辑停顿。

(1) 生理停顿。由呼吸量决定，说话过程中需要适当的停顿来补充气息。

(2) 语法停顿。根据语句的构成成分而作的停顿，这是运用较多的一种停顿。例如，"新疆代表团长途跋涉来到北京"，念成"新疆代表团长，途跋涉来到北京"，意思完全变了。一般来说，口语表达中，语法停顿时间的长短基本遵从标点符号的停顿，即句号(包括问号、感叹号)＞分号＞冒号＞逗号＞顿号。从结构上，是段落＞层次＞句子。

(3) 逻辑停顿。为加强某种特殊效果或应付某种需要所做的停顿，即为了充分表达说话人的思想感情、立场态度，在需要突出的词语间所做的停顿。例如，"最贵的一张(停)值一千元"，表示最贵的只有一张，其他的不足一千元；"大堤上的人/谁/都明白"，变平直为起伏。

2. 连接

连接就是将在书面上标有停顿的地方赶快连起来，不换气、不偷气，一气呵成。连接运用得好可以起到渲染气氛、增强气势的作用。连接技巧有三：一是气息要调解。比较大的停顿要换气，小的停顿要偷气(不明显的换气)，另外要就气(一气呵成)。二是接头要扣"环"。即两个内容相连的句子，第一句的结尾压低，第二句的起音也要低，这样两个句子中的音位差就小，给人感觉环环相扣。三是层次要"抱团"。句子的末尾音节不要往下滑，每层的意思要有鲜明的起始感、整体感。

例如，《春》：

"园子里，田野里，瞧去，一大片，一大片满是的……"

前两个逗号间要连，后一个逗号间要连，突出表现到处都是绿色的特点。

(三) 语速变化技巧

在朗读时，适当掌握朗读的快慢，可以营造作品的情绪和氛围，增强语言的表达效果。朗读的速度决定于作品的内容和体裁，其中内容是主要的。决定语速的因素有以下几种。

(1) 不同的场面。急剧变化发展的场面宜用快读；平静、严肃的场面宜用慢读。

(2) 不同的心情。紧张、焦急、慌乱、热烈、欢畅的心情宜用快读；沉重、悲痛、缅怀、悼念、失望的心情宜用慢读。

(3) 不同的谈话方式。辩论、争吵、急呼，宜用快读；闲谈、絮语，宜用慢读。

(4) 不同的叙述方式。作者的抨击、斥责、控诉、雄辩，宜用快读；一般的记叙、说明、追忆，宜用慢读。

(5) 不同的人物性格。年青、机警、泼辣的人物的言语、动作宜用快读；年老、稳重、迟钝的人物的言语、动作宜用慢读。

(四) 语调控制技巧

语调能美化语言，加强语言色彩。语调的基本单位是句调，表示一个句子的高低升降变化。语调一般分为：高升调、降抑调、平直调、曲折调。不同的语调表达的意思和情感完全不一样。

例如，他说得对。↘(渐降，表示一般陈述)

他说得对？↗(渐升，表示一般询问)

1. 高升调

高升调是指语调前低后高，语气上扬。多用于呼唤、鼓动、号召、惊疑等表达激昂、亢奋、惊异、愤怒等情感的句子。例如：

(1) "这儿到底出了什么事？"奥楚蔑洛夫挤进人群里去，问道，"你在这儿干什么？你究竟为什么举着那个手指头……谁在嚷？"（契诃夫《变色龙》）

(2) "共产主义是不可战胜的！"（杨沫《坚强的战士》）

(3) ……这是胜利的预言家在叫喊: ——让暴风雨来得更猛烈些吧! (高尔基《海燕》)

2. 降抑调

降抑调是指声音从高扬逐渐低抑，语势渐降。多用于感叹、祈使等句子，表示祈求、命令、祝愿、感叹等方面的内容。例如：

(1) 十二年过去了，那小姑娘的爸爸一定早回来了。(冰心《小橘灯》)

(2) 他从破衣袋里摸出四文大钱，放在我手里，见他满手是泥，原来他便用这手走来的。(鲁迅《孔乙己》)

3. 平直调

平直调是指语调平直舒缓，没有明显的高、低、升、降变化。多用于陈述、说明的语句，表示庄重、严肃、回忆、思索、平静、闲适、冷漠、犹豫等感情或心理。例如：

每个人都有自己的人生航线，但是没有一条会是笔直的，它充满着曲折。

4. 曲折调

曲折调是指语调呈先降后升或先升后降。多用于语意双关、言外之意、幽默含蓄、意外惊奇、有意夸张等表示惊讶、怀疑、嘲讽、轻蔑的情感。例如：

(1)"哈！这模样了！胡子这么长了！"一种尖厉的怪声突然大叫起来。(鲁迅《故乡》)

(2)"友邦人士"从此可以不必"惊诧莫名"，只请放心来瓜分就是了。(鲁迅《"友邦惊诧"论》)

📖 实例实践

一、试用不同的停顿区别下列句子的不同语意。

1. A. 学习文件。　　　　　　B. 学习/文件。
2. A. 读了/一篇课文。　　　　B. 读了一篇/课文。
3. A. 反对/目无纪律的行为。　B. 反对目无纪律的/行为。
4. A. 佳佳对/蓉蓉不好。　　　B. 佳佳对蓉蓉/不好。
5. A. 过路人/等不得在此穿行。　B. 过路人等/不得在此穿行。
6. A. 哥白尼认为日月星辰绕地球转动/这种学说是错误的。

　　B. 哥白尼认为/日月星辰绕地球转动这种学说是错误的。

二、朗读作品

那是力争上游的一种树，笔直的干，笔直的枝。它的干呢，通常是丈把高，像是加以人工似的，一丈以内，绝无旁枝；它所有的丫枝呢，一律向上，而且紧紧靠拢，也像是加以人工似的，成为一束，绝无横斜逸出；它的宽大的叶子也是片片向上，几乎没有斜生的，更不用说倒垂了；它的皮，光滑而有银色的晕圈，微微泛出淡青色。这是虽在北方的风雪的压迫下却保持着倔强挺立的一种树。哪怕只有碗来粗细罢，它却努力向上发展，高到丈许，二丈，参天耸立，不折不挠，对抗着西北风。

这就是白杨树，西北极普通的一种树，然而绝不是平凡的树！

——节选自茅盾《白杨礼赞》

第三节　复　述　训　练

一、复述的含义

复述就是把读过、听过的语言材料重新叙述一遍。它是训练口头表达能力的一种重要方法，能使学生深入理解接触的内容，发展逻辑思维能力和社会交际能力等。复述是学生积累知识、增强记忆的有效方法。

二、复述的基本要求

复述文字材料的基本要求有以下几点。

(1) 忠实于原材料的内容或要点。

(2) 完整、准确地体现原材料的中心和重点。

(3) 条理清楚，反映各部分内容的内在联系。

(4) 口语化，尤其要将书面句式、词语转换为口语。

三、复述的种类

复述可分为：详细复述、概要复述、扩展复述和变式复述。

（一）详细复述

详细复述是指用自己的话严格遵照原材料的内容、顺序、结构，完整、准确、清楚地重述出来。详细复述要求所复述的内容顺序、段落层次、重点部分以及情节发展与原文尽量一致。

做详细复述，要语脉清晰，细而不乱，通俗易懂。

（二）概要复述

概要复述简称概述，就是用自己的话简明扼要地把原材料内容的要点说出来。

概要复述要把握整体，紧扣中心，缩减篇幅，反映原貌。即在整体把握原始材料的基础上，经过分析、综合，概括出中心，略去铺陈中解释性、修饰性的次要成分，简明扼要地复述出原始材料的基本内容。

概要复述应注意以下几点。

(1) 阅读仔细。留意能提示自己记忆的重点语句，做到既有框架记忆，又有细节记忆。必要时先自言自语试述一遍。

(2) 概要复述记叙性材料：讲清过程，围绕过程讲清人物、事件、时间、地点、原因、结果等。概要复述议论性材料：要突出论点、论据、推论过程和结论。概要复述说明性材料：要讲清事物的形状、方位、结构、性能等特征。

(3) 防止取舍不当，偏离中心。

(4) 口语力求规范、通俗、清晰、流畅。

(三) 扩展复述

扩展复述是对原材料作适当的扩充延展的重复性叙述。在理解原材料的基础上，通过合理的联想，丰富细节、扩展情节、续编结尾，增加修饰性、说明性的内容等。

扩展复述记叙性材料：合理联想，补充细节，使内容更充实、完整、生动；扩展复述议论性材料：增加论证层次，补充论据，做深入剖析；扩展复述说明性材料：增加细部说明。要在原文基础上发挥想象，重新加以组织，譬如改变人称、改变叙述顺序、合理扩充故事情节等。

扩展复述应注意以下几点。

(1) 合理想象，切不可违背原来的思想、内容、风格。

(2) 根据中心确定重点扩展的部分。

(3) 根据表达需要，可以运用描述、渲染等手法，切不可任意发挥、胡编滥造。

(四) 变式复述

变式复述是将原有材料的人称、结构、体裁、语体等加以变换，类似改写。

变式复述应注意以下两点。

(1) 用第一人称复述是"自叙"。原材料中有"我"未见未闻的内容应改为他人转述，其景物描绘也应该改为"我"之所见来叙述。

(2) 变换顺序的复述，要注意衔接，用适当的语言表达前后的呼应，复述议论文时要注意表达其中内在的逻辑关系。

总之，复述要循序渐进地进行，先概要复述，把握文意；再详细复述，掌握原文的细节，以获得与原文相近的语感；最后再进行扩展和变式复述，以增强学生的想象和创造能力。

复述时可采用关键词法、图表法和提纲法进行概要和详细复述，采用想象和角色扮演的方法进行扩展和变式复述的训练。

提纲法是指阅读作品后，经过综合分析，把作品的内容按照自然段或者意义段提纲挈领地分条列出，针对不同的文体和个人阅读的需要，编写各种类型的提纲。

📖 实例实践

1. 将下面的短文进行详述和概述。

林则徐请客

林则徐五十三岁那年，道光皇帝派他到广州担任湖广总督，负责查禁鸦片烟。一些外国人，总想找机会摸摸林则徐的底细。

一次，英国领事查理设宴邀请林则徐参加。

宴会快结束时，送上来的最后一道点心，是甜食冰淇淋。那时候，冰淇淋还很罕见。林则徐见冰淇淋冒着气，以为很烫，送到嘴边时，还用口吹了吹。这一来，在座的外国人便趁机哄笑。林则徐受到侮辱，心里非常生气。但是，他压住怒火，似乎毫不在意地说："这道点心，外面像在冒热气，其实是冷冰冰的。今天，我算是上了一次当。"

过些天，林则徐在总督府设宴请客，回敬上次参加宴会的那些外国人。宴席上，一道道端上的都是中国名菜。那些外国人，一个个张大了嘴巴狼吞虎咽。他们一边吃喝，一边赞不绝口。酒足饭饱之后，有个外国人说："中国菜，好吃得没话说，只可惜少了一道甜食。"

"有！"林则徐便吩咐道，"上甜食！"话音刚落，一盆槟榔芋泥端了上来。外国人见是甜食，便举起汤匙，兴冲冲地舀着往嘴里倒。这一下，可够那些外国人受得了。他们"啊——！""啊——！"嚷成一片。喉咙里比卡着鱼骨还要难受。有的挥起手，想伸进嘴巴去抓；有的按住嘴，泪水直淌。一个个洋相出尽，狼狈不堪。

林则徐不动声色，若无其事地说："这是我家乡福建的名点，叫槟榔芋泥。

这甜食，看上去外面冰冷，内里却滚烫非常，正好和似热实冷的冰淇淋相反。吃的时候，性急不得，性急了就要烫了喉咙！"

外国人瞪圆了蓝眼睛，个个呆似猴样。

他们这才知道林则徐不是个好对付的中国官员。

2. 请同学根据《渔夫和金鱼的故事》(俄罗斯，普希金)的故事梗概来复述完整的故事。(扩展性)

渔夫和妻子过着贫穷生活→渔夫捕到一只会说话能满足人们愿望的神奇金鱼→渔夫放走金鱼，被妻子大骂→要只新木盆→要座木房子→世袭的贵妇人(派丈夫去干粗重活)→自由自在的女皇→海上的女霸王(金鱼来侍候我，叫我随便使唤)→生活又变回原样

两个重庆人在北京闹的超级大笑话

两个重庆人到北京观光旅游，由于对北京的地理环境不熟悉，就在公交车上打开地图研究。

甲："我们先杀到天安门，然后再杀到毛主席纪念馆，最后杀到……"

乙："要得嘛，我们就按到你说的路线一路杀过切。"

(注解：重庆和四川人说的杀是指去的意思)

不幸被同车群众举报，下车后即被扭送至公安机关，交代了若干小时情况后才被放出。第二天，甲乙两人来到了天安门广场，看着人来人往，两人一时无语……

甲忍不住："你浪个不开腔(枪)喃？"

乙："你都不开腔(枪)我浪个敢开喃？"

话音刚落，又被广场群众扭送至公安机关。

一周后两人走出了看守所大门，你看看我，我看看你。

甲说："这哈安逸了，包包都遭整空了，哪点去搞点子弹嘛？"……门口的武警冲上来将两人按倒在地。

(注解：子弹在重庆和四川方言里是钱的意思)

分析：

从以上的笑话就能看出，在当今时代，说一口标准的普通话不仅是事业工作的需要，更是一个人素质与时尚的体现。语言面貌的好坏直接是影响到一个人的气质和形象。但是只要掌握一定方法，并经过一段时间努力还是可以达到目标的。学习语音基础知识，仔细揣摩、浏览、模仿，随时随地做有心人，反复训练，大胆实践。"冰冻三尺非一日之寒"，要学好普通话必须经过长时间努力，持之以恒，刻苦学习，一定可以改变自己的语言面貌。

单元练习题

一、填空题

1. 普通话是指以北京语音为_____，以_____为基础方言，以典范的现代白话文著作为_____的现代汉民族共同语。

2. 现代语言学家将现代汉语方言划分为_____方言区。方言中使用人口最多的是_____。

3. 普通话有四个声调，"阴平调"的调值是_____。

4. 朗诵就是用清晰，响亮的声音，结合各种语言手段来完善的表达作品思想感情的一种语言艺术，亦把文学作品转化为_____的创作活动。

5. 语句的重音分为_____和_____两种。

二、判断题

1. 普通话水平测试标准分优良及格不及格四等级。　　　　（　　）

2. 粤方言的代表方言是香港话。　　　　　　　　　　　　（　　）

3. 有人在门口说话，不用看你就知道是妈妈来了，你的判断依据主要是音高。　　　　　　　　　　　　　　　　　　　　　　　　　（　　）

4. 在参与发音的器官中，声带属于共鸣器官。　　　　　　（　　）

5. 降抑调是指说话时句尾语气上扬，前低后高的调子，表示疑问、反问、命令、叫唤、鼓励、号召、申斥等意思。　　　　　　　　　　　（　　）

三、选择题

1. （　　）是人类最重要的交通工具，也是人类表达思想和情感的重要载体。

　　A．数字符号　　　　B．语言　　　　C．文字　　　　D．文学

2．向导惊讶地问："原来你懂马来语？"——这句话用的语调是(　　)。

  A．曲折调　　　　　　　　B．平直调

  C．高升调　　　　　　　　D．降抑调

3．(　　)是指为了突出、强调句中的某些词语，在没有标点符号的地方也予以停顿。

  A．语法停顿　　　　　　　B．自然停顿

  C．强调停顿　　　　　　　D．语句停顿

4．(　　)是最适合朗诵的体裁。

  A．诗歌　　　　　　　　　B．散文

  C．小说　　　　　　　　　D．故事

5．有人说话声音容易嘶哑，存在的发音问题是(　　)。

  A．口腔开度过大，易疲劳　　B．呼吸方式不当，气息不足

  C．口腔开度不够，软腭下塌　　D．呼吸方式不当，声带负担重

四、简答题

谈谈推广普通话的重要意义。

第八章　社交口才训练

　　社交口才是培养社交能力的重要一环，是最为神奇的公关密码。是否掌握语言交流的技巧是社交成败的关键。本章着重介绍日常口语交际中介绍与寒暄、赞美与批评、说服与拒绝的方法和技巧。要求学生通过社交口才训练能将语言交流技巧很好地应用于工作和生活中。

第一节　介绍与寒暄

　　介绍与寒暄是人际交往活动中的重要内容，是人与人之间表达情感的一种方式。介绍是人与人交往中的开场白，是坦率深谈的序幕，寒暄则是人们互相接触进行下一步交流的润滑剂，二者是人们增进友谊和相互了解的重要方式。在人际交往日益频繁的今天，介绍和寒暄起着重要的作用。

一、介绍

（一）介绍的含义

　　介绍是向对方说明个人情况、增进了解、建立联系的一种最基本和最常见的社交方式，是交往双方从不熟悉到熟悉的过程。

（二）介绍的种类

　　介绍可分为自我介绍和居间介绍两种。

1. 自我介绍

　　自我介绍就是向对方说明本人情况，也就是自报"家门"。但是，如何把自己完美地介绍给他人，要根据环境、事物、人物参与的状况来进行。

　　一般情况下，自我介绍时只需介绍自己的姓名、单位以及与正在进行的活动的关系即可。例如，"我是王刚，是大华贸易公司的公关部经理，很高兴认识您。请多关照！"

（1）自我介绍的类型。自我介绍的类型详见表 8-1。

表 8-1

类　型	适用场合和目的	举　例
展示型	多用于重大交往和求职应聘，其前提是有的放矢，把自己符合对方需求的条件、经历等坦诚地介绍给对方，从而求得对方对自己最大程度的认知	您好，我叫王芳，是南方职业技术学院 2017 级酒店管理专业的毕业生
受托型	当自己必须代替他人完成某项任务，而受理的一方对自己又缺乏了解时，需把自己的真实情况、与委托人的关系如实介绍给对方。这种自我介绍必须把自己与委托人最关键的利益关系介绍清楚，以求得受理人的重视与接纳	各位来宾！大家好，我叫刘文，我是大华集团的公关部经理，受董事长的委托，由我来给大家介绍集团这两年的发展情况
询问型	常见于与朋友、同事等熟悉人士的交谈中。人与人之间有较长一段时间没有接触时，由于对对方缺乏了解，难免问这问那，这也属于一种人与人之间的关怀，但要注意一些必要的礼仪。例如，不要过多询问个人隐私，也不要过多地自我描绘	问："请问您贵姓？" 答："您好！免贵姓王。"

（2）自我介绍的技巧。自我介绍的技巧如下：

① 要选取重点，叙述要有独创性。不区分对象盲目地进行自我介绍，使他人对相关信息失去重点了解，会让人不胜其烦。适当使用修辞、幽默等手法将内容凸显出来，就可给别人留下深刻的印象。

② 既要自信，又要自谦。一个人首先对自己有信心，才能给别人以好印象。但盲目自我吹嘘，把一些与自己无关的事物与人强拉硬扯，或用"很""第一""最""绝对"等这些表示极端的词语以显示自己的高明，是不恰当的。

③ 要把握时机。在对方有结识兴趣时进行自我介绍，不要冒昧地直接走上去自报家门，除非你是推销员。在对方工作较忙、情绪不佳时，在对方休息或者忙着和别人说话时，都不适合进行自我介绍。

④ 自我介绍时，要让对方感觉到你的礼貌、热情、落落大方。神态要亲切、自然，不要心不在焉、敷衍了事，也不能过度夸张。双眼要与对方对视，不要举目四顾。语气要积极、主动而谦恭，如果声音过于低沉、语气平静，对方会觉得你没礼貌，或者不够大方，但如果过于热情，又会被认为为人轻浮。

2. 居间介绍

在社交场合，我们不仅要善于介绍自己，还要学会恰当地介绍他人，一次得体的引见会让会面双方很快进入流畅的沟通状态，同时也体现了介绍人的口才和素养。为不相识者彼此引见，这便是居间介绍。为他人作介绍，通常是双向的，即将被介绍者双方均作一番介绍。

(1) 居间介绍的分类。居间介绍可以简单地分为标准式和日常式两类。标准式居间介绍适用于正式场合，如业务洽谈、宴会等。介绍的内容包括双方的姓名、单位、职务等，例如，"刘小姐，您好！请允许我把我们公司总经理王文先生介绍给您。王先生，这位是大华公司财务部经理刘云小姐。"日常式居间介绍则适用于普通的社交活动，其形式多样，语言较随意，例如，"两位认识一下吧！大家都是××学院的校友，请你们自报家门吧。"

(2) 居间介绍的技巧。居间介绍的技巧如下：

① 突出双方的共同兴趣点。介绍时适当透露双方共同感兴趣的信息，就会为接下来的寒暄找到一个话题，打开通向进一步了解的大门，比如，"王经理，你不是对儒商的经营之道感兴趣吗？这位是刘达教授，××大学文学院的教授，儒学研究会的会长。"

② 要语言简练、评价积极。介绍别人时，信息量要适中，要使用简单明了的语句，肯定评价的方式。适当肯定和赞美会创造一种轻松的交谈氛围，例如，"张晴，这是我们院报记者团的团长李娜，我们学院的大才女。"

③ 注意称谓。在交际场合中常见的称呼有先生、小姐、夫人和女士。如果某人有官衔或职称，则称呼其官衔、职称更显尊敬，但不能既称先生又加头衔。当介绍家庭的其他亲属时，应说清楚和自己的关系。

④ 要合乎礼仪。居间介绍有三条重要原则必须注意：一是把年轻人介绍给年长者；二是把男士介绍给女士；三是将地位低者介绍给地位高者。假若一方是自己的亲人，则应先介绍对方，后介绍自己的亲人，这样才不会显得失礼。介绍的对象如果是一位年轻的女士与一位长者，则应将晚辈介绍给长者。可以这样说，"王老，我很荣幸能介绍陈丽来见您"。

除了介绍名字之外，还可以提供一些个人背景情况，这样有助于介绍双方进一步交谈。介绍内容要得当。为他人介绍的内容大体与自我介绍的内容相仿，作为第三者介绍他人相识时，要先向双方打一声招呼，让被介绍的双方都有所准备，然后介绍一些被介绍者的特长、爱好等以引起他人的重视。

二、寒暄

（一）寒暄的含义

寒暄是在与他人相遇、交往、沟通等环节中不可缺少的一种语言形式，是相互问候的一种礼节语言形式。

在正式交谈开始之前的寒暄或问候，并不正面表达特定的意义，但它在沟通中是必不可少的。因为寒暄是人际交往的润滑剂，能使不相识的人相互认识，使不熟悉的人相互熟悉，使沉闷的气氛变得活跃。

（二）寒暄的方式

寒暄是非正式的交谈，内容也无特定的限制，通常采取这几种方式。

(1) 见景生情，以身边的情景很自然地切入。如到朋友家拜访，可以称赞眼前的房间布置、家居条件，或者和其家中的老人谈谈健康，见到孩子聊聊学习等，让人觉得你很随和，使你很快得到朋友家人的认可。

(2) 从对方感兴趣的方面入手。和一位喜欢读书的朋友谈谈最近出版的畅销书，跟一位古典音乐发烧友聊一下柴可夫斯基，而见到一个球迷，NBA 的赛事无疑是一个永远让人激动的主题。有时候我们在对方最感兴趣的方面所知甚少，然而没关系，只要引入话题，就给了对方一个展示的机会。对他来说，没有比找到一个可以一吐为快的听众更为惬意的事了。

(3) 如果对对方一无所知，也没有应景说话的机敏，时事和新闻是最为安全的话题。要根据对方的性别、年龄、文化等特点有所选择。如对一位中学生，可以谈谈高考，谈谈校园趣事。

（三）寒暄的注意事项

寒暄的注意事项如下：

(1) 注意对象。寒暄要因人而异，因时而异，因境而异。要注意特定的环境和特定的对象。比如，中国人见面喜欢问："吃饭了没有？"在一般情况下，这种寒暄语既简单，又达到了交流感情的目的，并且谁也不会深究对方究竟吃饭没有。但如果对一位外国人也这样打招呼，碰巧这位外国人又不知道这句话的真正含义，他很可能会认为你要请他去大吃一顿，无论他是"笑纳"还是拒绝，都会使你的处境很尴尬。

(2) 要有礼貌。初次见面，可以说"久仰大名""见到您非常荣幸"。切忌用一些不雅和低俗的寒暄方式，如双方见面称呼对方不雅外号，用低俗的语言打招呼等。

(3) 体现爱心，照顾周到。遇到多人寒暄时，可把"你好"改为"你们好""认识你们很高兴"之类的话；见有人领着或抱着小孩，可以问问年龄或夸上几句；天气冷了，可以提醒别人多穿衣服等。

(4) 坚持"五不问"原则。即不要问对方收入、女性年龄、婚姻家庭、健康状况、个人经历等敏感的问题。

(5) 采取积极姿态，主动问候。如售货员对顾客应主动打招呼，晚辈遇上长辈应主动问候，下级对上级最好采取积极态度，主动打招呼。主动的寒暄给对方的感觉是热情友好，满足对方受人尊重的心理。遇到对方主动寒暄时也要热情回应，不能草率敷衍。

(6) 不要为寒暄而寒暄。寒暄在许多场合是正式谈话的前奏，所谓"言归正传"才是寒暄的本意。所以，不要为寒暄而寒暄，而应在适当的时候将寒暄自然而又巧妙地引入正题。

实例实践

一、介绍时忘记了别人的名字，怎么办？

二、别人忘记介绍你，怎么办？

三、别人叫错了你的名字，怎么办？

四、你应聘到某一公司，上班已经一个月了。今天公司开大会，经理说："近期公司新来六位员工，请他们自我介绍一下。"前五位的介绍非常精彩，轮到你了，请演示。

五、下面的介绍有无不当？如果有，试指出并加以纠正。

1. 某化妆品公司总经理黄某委托助理小王约南方电视台副台长刘健、新世纪广告公司总经理助理陈风前来商谈化妆品电视广告之事，两位来宾如约而至。小王把他们引进了会客室。

小王：我来给大家介绍一下，这位是我们公司的黄总经理，这位是南方电视台刘副台长，这位是咱们公司老搭档新世纪广告公司的陈风先生。今天我们黄总请二位来，主要是商量让电视台给我厂的产品做广告宣传的事。

　　2. 有位先生第一次参加全国性的学术会议，大家彼此都还陌生。在进行学术讨论时，他站起来说："我叫××，我来发个言。"在场的专家都感到很唐突。

　　3. 在一次管理层会议上，会议主持人向观众介绍一位报告人时这样称赞她："这位就是刘女士，这几年来她的销售培训工作做得很出色，也算有点名气了。"

第二节　赞美与批评

　　赞美与批评是交谈过程中一项重要的内容，离开了这个内容，人与人之间要想进行真正的沟通几乎是不可能的。因为人人都需要真诚的赞美，也需要善意的批评。赞美是鼓励，批评是督促，它们是两种形式上对立、目的上统一的交际方法和工作方法，二者缺一不可。

一、赞美

　　赞美，即称赞，是用语言表达对人或事物优点的喜爱之意。在人际交往中是离不开赞美的。

（一）赞美的作用

　　赞美的作用如下：

　　(1) 满足人的本能需要。我们在别人的赞美中认识到自己的存在价值，从而获得社会满足感。美国心理学家威廉·詹姆斯说："人类本性最深的企图之一是期望被赞美、钦佩和尊重。"真心的赞美没有人会拒绝，更没有人会抱怨，这是人本能的一种需求，也是自我价值的一种体现。

　　(2) 愉悦人的心灵。马克·吐温曾说，一句赞赏的话可使他保持两个月的好心情。经常赞扬别人能使赞扬者本人心境开阔、心情快乐，从而对人生抱有乐观、欣赏的态度，而被赞扬的人也觉得心情舒畅。

　　(3) 促进人际关系和谐。赞扬能使双方产生情感上的"互悦性"，融洽人与人之间的关系，沟通人与人之间的感情，消除人与人之间的隔阂。

(4) 激励人奋进。用赞美来鼓励对方，能达到事半功倍的效果。有甲、乙两个猎人，各猎两只野兔回家。甲的妻子看到丈夫打回的野兔，冷冷地说："才两只？"甲心中不悦，反驳说："你以为很容易打吗？"第二天他故意空手回来，好让妻子知道打野兔并不是轻而易举的事。而乙的妻子看到兔子却高兴地说："你竟打回了两只，真了不起！"第二天乙打回了四只。同样打了两只兔子，但是一句赞美的话语，使最后的结果不再相同。

(二) 赞美的基本原则

赞美的基本原则如下：

(1) 赞美要实事求是。赞美要符合实际，实事求是，才能有好效果。

一次，一位教师到司法警官学院讲课，对校长说了这样一段话："呀，学校的环境真好，校园绿化得好，榆树墙自然地把校园分割成了教学区、学生活动区。学生管理得也好，学生上课间操，在走廊里只听到唰唰的跑步声，却听不到说话的声音，而且统一穿警服，真带劲！"校长听后满脸的喜悦，连连点头并自豪地说："那是。"

这位教师的赞美既符合实际又很得体。如果他这样说："校长，您真有能力，把学校治理得这么好。"赞美之词就显得苍白无力，使人听了难以接受。

(2) 赞美要真诚。卡耐基说："如果我们只图从别人那里获得什么，那我们就无法给人一些真诚的赞美，那也就无法真诚地给别人一些快乐。"真诚的赞美才会使对方内心喜悦。"你这件衣服很好看"让人感觉是在敷衍，而如果说"你这件衣服很好看，和你的气质很相配"，效果就不一样了。

(3) 赞美要注意适度。适度赞美是赢得信任的一种手段。承认别人的优点，赞美而不过头，才是最高明的赞美方法，否则就会令对方难以接受，甚至感到肉麻、反感，结果适得其反。

(三) 赞美的技巧

赞美是一件好事，但如何在社交中适时地赞美别人，却不是一件容易的事。赞美别人时，如果不掌握一定的技巧，不审时度势，即便是真诚的赞美，也达不到预想的效果。

赞美的语言技巧很多，现分述常用的两种。

1. 直接赞美

(1) 对于对方的优点，用直截了当的话当面赞美。在现实中，有人总认为找不到赞美的"借口"。其实人身上值得赞美的地方很多，只是没有被发现罢了，因此要善于发现他人身上的优点和长处。因人而异，突出个性，有特点的赞美比一般化的赞美能收到更好的效果。老年人总希望别人不忘记他"想当年"的业绩与雄风，同其交谈时，可多称赞他引以为豪的过去；年轻人，不妨语气稍为夸张地赞美他的创造才能和开拓精神；经商的人，可称赞他头脑灵活，生财有道；知识分子，可称赞他知识渊博、宁静淡泊……当然这一切要依据事实，切不可虚夸。

(2) 从对方的缺点中找出有积极意义的东西来赞美。如某人爱做白日梦，他可能想象力丰富，富有创意；某人专断，好自作主张，可称赞他有策略，满脑子都是主意，有主见等；某人吝啬小气，可称赞他节俭；某人较为轻浮，可称赞他热心活泼。

2. 间接赞美

有的人不习惯对别人直接赞美、当面赞美，那么，恰如其分的间接赞美，有时效果会比直接赞美更好。

通过赞美对方的职业、单位、民族、地域等达到间接赞美对方的目的。例如，"听说你们宿舍都是才女呀。""你们北方人就是豪爽！"

赞美的话由自己说出难免有恭维、奉承之嫌。例如，"你看起来还那么年轻"这类的话，如果换个说法，如"你真是年轻漂亮，难怪某某总是夸你！"对方必然会很高兴。因为在一般人的观念中，总认为"第三者"所说的话是比较公正、实在的。

总之，掌握赞美的语言技巧至关重要。赞美之词应发自内心，符合实际。毫无根据的赞美，会使人感觉你虚情假意，由此产生反感。赞美之词要能满足对方的自我意识。社交的黄金法则是：别人希望你怎样对待他，你就怎样对待他。因此，赞美之前要了解对方，弄清对方希望怎样被夸奖。赞美之词既可坦诚直言，又可间接表达，但要得体。要了解对方，弄清对方希望怎样被夸奖。最有实效的赞美之词不是锦上添花，而是雪中送炭。

二、批评

(一) 批评的含义

批评，就是运用恰当的语言技巧，指明对方的错误，并提供改善措施，以达到解决问题的目的。在口语交际中，批评比赞美要困难得多，因为人们对批评会有一种本能的抗拒。

在工作和生活中，批评对于谁来说都不是一件愉快的事，但批评别人是难免的。如果批评者能够掌握适当的批评技巧和方法，不仅不会阻断双方的交流，还会让对方心悦诚服。

（二）批评的技巧

批评的技巧如下：

(1) 先赞扬后批评。如领导说："小张，这份总结写得很好，看来你下了一番工夫，思路很清楚，里面有几点写得比较精彩。要说不足，我看是不是把这儿改一下，这种说法不太妥当，言辞过于尖锐会挫伤别人的积极性。好，就这样。好好干，小伙子挺精明，文笔很好，希望再接再厉。"这样说，小张听后觉得领导对自己充满期望，不足的地方点得也合情合理，以后工作就更加努力了。

(2) 委婉暗示批评。不直截了当地进行批评，而是用委婉的方式巧妙地表达批评之意。如某高中班主任发现班中有些学生有早恋现象，影响了学习。他考虑到直接批评会引起逆反心理，于是有意地给学生讲他对果树早开花、早结果的感受。他说："我的家乡种了许多果树，有一年，由于早开花、早结果，霜冻一来，小果全部烂掉了。由此我明白了一个道理——不该开花时开花，不该结果时结果，是会受到自然规律的惩罚的。你们当中的一些事情引起了我的思考，你们从中得到了什么启发呢？"同学们明白老师所指的是哪件事，也觉得有道理，从此早恋在这个班消失了。

(3) 要对事不对人。"金无足赤，人无完人"，谁也不是完美的、万能的，所以批评者一定要弄清这一点，批评的是对方做错的事，而不是他整个人。批评他做的错事，可以帮助他改正，并不否定他的成绩，这才是科学的观念。如果批评他的"人"，那就表示他一无是处，这样不仅于事无补、于错误无补，反而会伤害他，同时也间接地伤害其他人，这是不科学的。

(4) 要控制情绪，保持冷静，切勿急躁。控制好情绪既可以防止主观臆断，也可以让被批评者冷静下来，思考自己的错误所在。尽量不要用训斥、威胁的口气，那种瞪眼睛、拍桌子、大声叫嚷等发怒的表现更是要不得，这会使听众产生对抗的逆反心理，也有损批评者的形象。

（5）风趣幽默式批评。如有一个人在一处严禁捕鱼的水库网鱼，远处走来一位警察，捕鱼者心想这下糟了。警察走来后，出乎意料，不仅没有大声训斥，反而和气地说："先生，您在此洗网，下游的河水岂不被你污染了？"这情景令捕鱼者十分感动，连忙道歉。

再如某校新生军训中，一学生因训练不认真，三次打靶都没打中。班主任笑着对他说："三次你都吃了烧饼，靶子以外的地方你都打中了，也真不容易呀！"班主任这一"赞扬"，引起了同学们的笑声，这位学生也忍不住笑了，不好意思地低下了头。老师以褒代贬，既风趣，又使对方接受了批评，而不至于增加思想负担。

由此可见，批评是讲艺术的，不讲艺术的批评往往事与愿违。

📖 实例实践

一、餐厅的啤酒杯里发现了苍蝇。据说六个国家的顾客各有不同的处置方法，你喜欢哪一种呢？为什么？

英国人以绅士的态度吩咐侍者："请换一杯啤酒。"

法国人将这杯啤酒倾倒一空。

西班牙人不喝它，只留下钞票漠然离开。

日本人令侍者把经理叫来，训斥对方："你们就是这样做生意的吗？"

沙特阿拉伯人则把侍者叫来，说："我让你喝……"

美国人会向侍者微笑着说："以后请把啤酒和苍蝇分别放置，可由喜欢苍蝇的客人自行把苍蝇放进啤酒里，你觉得怎么样？"

二、请你根据以下情境，对张丹、张昊说一段赞美的话。

2006年2月，在意大利都灵举行的冬季奥运会上，中国双人花样滑冰运动员张丹(女)和张昊(男)这对很有希望获得金牌的年轻小将，在完成重大比赛中尚未有人尝试的高难度动作——"抛四周跳"时，20岁的张丹不慎摔伤膝盖。在大家都以为他们会放弃比赛的时候，张丹只经过5分钟的短暂处理就重新回到冰面上，忍着伤痛与张昊一起流畅地完成了余下的动作，获得了银牌。

第三节 说服与拒绝

一、说服

(一) 说服的含义

日常生活中，当我们需要别人接受自己的观点时，就要使用富有说服力的语言让对方心悦诚服，这是让对方的行为、态度、看法发生改变的过程。人的固有观念是很难改变的，强加于人只会适得其反，所以掌握其中的技巧就显得尤为重要。

(二) 说服力要素

说服力由说服者的人格即"说服者是什么人"，劝告内容蕴含着的力量即"说什么"，以及说服者的应变能力即"怎么说"三要素组成。这三种要素被统称为"说服能力"。说服能力是从三种要素的综合效果中产生的，不可能被某种单一的技巧所替代。

(三) 说服的技巧

说服的技巧如下：

(1) 调节气氛，以退为进。在说服时，首先应该想方设法调节谈话的气氛。如果和颜悦色地用提问的方式代替命令，并给人以维护自尊和荣誉的机会，气氛就是友好而和谐的，说服也就容易成功；反之，在说服时不尊重他人，拿出一副盛气凌人的架势，那么说服多半会失败。

(2) 争取同情，以弱克强。对弱势群体会产生同情，是人的天性，如果想说服比较强大的对手，不妨采用这种方法。

(3) 善意威胁，以刚制刚。很多人都知道用威胁的方法可以增强说服力，所以不时地加以运用。但运用威胁时也要讲究方法，可以用善意的威胁使对方产生恐惧感，从而达到说服的目的。威胁能够增强说服力，但是，在具体运用时要注意以下几点：第一，态度要友善；第二，说明道理，讲清后果；第三，威胁程度要适中，否则会弄巧成拙。

(4) 消除防范，以情感化。从潜意识来说，防范心理的产生是一种自卫，也就是当人们把对方当做假想敌时产生的一种自卫心理。那么消除防范心理的最有效方法就是反复暗示，表明自己是朋友而不是敌人。

（5）投其所好，以心换心。站在他人的立场上分析问题，能给他人一种为他着想的感觉，这种投其所好的技巧常常具有极强的说服力。要做到这一点，"知己知彼"十分重要，唯先知彼而后方能从对方立场上考虑问题。

（6）寻求一致，以短补长。习惯于拒绝他人说服的人，经常都处于"不"的心理组织状态之中，所以自然而然地会呈现僵硬的表情和姿势。说服这种人，如果一开始就提出问题，很可能会遭到他们的拒绝。所以，说服者应努力寻找与对方一致的地方，先让对方赞同自己远离主题的观点，从而使之感兴趣，后再想办法将自己的观点引入话题，最终求得对方的同意。

二、拒绝

（一）拒绝的含义

拒绝，就是不答应，明确地表示不愿意，拒绝邀请、请求等。

在学习、工作以及日常生活中，我们也要有在适当的时候拒绝别人的意识和勇气，要知道一味地逢迎、妥协、逆来顺受并不会得到别人的尊重，反而会让别人看轻自己。如果适当地拒绝，拒绝得有理，不但不会得罪对方，还会让对方尊重你，对你刮目相看。

（二）拒绝的方式

拒绝有直接拒绝、婉言拒绝、沉默拒绝、回避拒绝四种方式。

1. 直接拒绝

直接拒绝就是把拒绝的意思当场讲明。

运用这个方法时最重要的是应当避免态度生硬，说话难听。一般情况下，直接拒绝别人，需要把拒绝的原因讲明白。可能的话，还可以向对方表达自己的谢意，表示自己对其好意心领神会，借以表明自己通情达理。如公务交往中对方送了现金作为礼品，按规定不能接受，但又不能不近人情地质问对方"用心何在"，这时就可以说"××先生，实在感谢您的美意，但我们规定，不允许接受别人赠送的礼金。实在对不起了，您的钱我不能收"，这样对方就不好强人所难了。

2. 婉言谢绝

婉言谢绝是指用温和委婉的语言表达拒绝。和直接拒绝相比，它更容易被接受。因为它在更大程度上顾全了被拒绝者的尊严。

例如，张飞在辅佐刘备前，曾卖过肉。有一次，他的一位好朋友向他打听他从东北进的猪肉的价格。张飞神秘地向四周看了看，压低声音问道："你能保密吗？""当然能。""那么，" 张飞微笑地看着他，"我也能。"张飞采用的是委婉含蓄的拒绝，其语言轻松幽默，既在朋友面前坚持了不能泄露的原则立场，又没有使朋友陷入难堪，取得了极好的语言交际效果。

3. 沉默拒绝

沉默是人生的一种境界。如果不是羞怯或者天生木讷的话，沉默便是参透人生之后的一种智慧，是经历风霜之后的一种成熟。

4. 回避拒绝

回避拒绝包括敷衍、答非所问、含糊其辞等方式。

敷衍是在不便明言回绝的情况下，不直接回避请托人。敷衍是一种艺术，运用好了会取得良好的效果。例如，有一次庄子向监河侯借贷，监河侯敷衍他，说道："好！再过一段时间，等我去收租，收齐了，就借你 300 两金子。"监河侯的敷衍很有水平，不说不借，也不说马上借，而是说过一段时间收租后再借。这话有几层意思：一是我目前没有，现在不能借给你；二是我也不是富人；三是过一段时间不是确指，到时借不借再说。庄子听后已经很明白了，但他不会怨恨什么，因为监河侯并没有说不借，只是过一段时间再说而已，还是有希望的。

答非所问是装糊涂，给请托者以暗示。例如，"此事您能不能帮忙？""我明天必须去参加会议。"答非所问，婉拒了对方，对方会从你的话语中感受到：他的请托得不到你的帮助，只好采取别的办法。

含糊其辞，如"今晚我请客，请务必光临。""今天恐怕不行，下次一定来。"下次是什么时候，并没有说定，实际上给对方的是一个含糊不定的概念。对方若是聪明人，一定会听出其中的意思，而不会强人所难。

（三）拒绝的注意事项

拒绝的注意事项如下：

（1）不要傲慢地拒绝。一个盛气凌人、态度傲慢不恭的人，谁也不喜欢亲近他。何况当别人有求于你，而你以傲慢的态度拒绝时，别人更是难以接受。

(2) 要面带笑容地拒绝。拒绝的时候，要面带微笑，态度要庄重，让别人感受到你对他的尊重，就算被拒绝了，也能欣然接受。

(3) 学会拒绝的善后。不要以为拒绝了就可以了，而应该适当给予对方一些关心。拒绝后可以给对方一些建议。

实例实践

请根据以下情境，说说你会怎样做。

1. 你准备拜访隔壁新搬来的一对夫妇，请他们为社区的某项工程募捐，怎样说服他们呢？

2. 相亲对象是亲戚介绍的，这个亲戚对我有很大的帮助，对方是这个亲戚的同事。可我一点都不喜欢对方，想拒绝又不知道怎么拒绝，你有什么好的拒绝方法吗？

3. 刚到一个新的工作单位，由于新单位知道我在原工作单位负责什么，可能在新单位进行工作分配时，还会安排我做原来负责的那块工作。本人在原来单位做会计，单位分工比较细。可那部分工作是我很不喜欢做的，想让领导给我分配别的工作，怎么说比较好呢？

拓展阅读

就在俄国伟大的十月革命刚刚胜利的时候，象征着俄国沙皇统治的克里姆林宫被革命军队攻占。长期受到剥削压迫的俄国民众愤怒地叫嚣着并打着火把，要把这座举世闻名的官殿付之一炬，以解他们心中对沙皇的仇恨。许多有知识的革命工作者劝说民众不要冲动，但是无济于事。情况愈演愈烈，消息很快便传到了列宁那里。列宁立即赶到现场，面对着那些义愤填膺的民众，列宁很恳切地说："兄弟们，皇宫可以烧，但是我有几句话要问大家，说完之后大家怎样处置它都可以，你们看可不可以呢？"愤怒的民众一听这话，便稍稍缓和气氛，于是答道："当然可以，我们的英雄。"列宁问："请问这座房子原来住的是谁？""是沙皇统治者。"民众大声回答。列宁问："那它又是谁修建起来的？"民众毫不犹豫地说道："是我们的同胞，是他们用血和汗建成的。""那么，既然是我们人民修建的，我们为什么要烧掉自己的东西呢？现在就让我们推选的人民代表住在里面，你们说，可不可以呀？"民众觉得这话十分在理，纷纷点头同意。列宁再问："那还要烧吗？""不烧了！"民众齐声回答道。克里姆林宫终于保住了。

（资料来源：http://www.360doc.com/content/16/0904/14/4292930_588329300.shtml）

问：
列宁用怎样的方法成功说服了义愤填膺的民众放弃火烧克里姆林宫？

分析：
(1)"恳切地说""兄弟们""我们""我们的同胞""我们人民"从这些词不难看出列宁是以诚恳、亲切的态度同民众展开对话的，在对话的同时他多次用了"我们"这个词组，把"自己人"的印象潜移默化地植入民众的大脑，拉近了彼此的距离，尽可能地消除民众的防范心，使气氛缓和，为说服打下情感基础。

(2)列宁很恳切地说："兄弟们，皇宫可以烧，但是我有几句话要问大家，说完之后大家怎样处置它都可以，你们看可不可以呢？"可见，他并没有在一开始就劝说大家不要烧皇宫，而是以退为进，反其道而行，说皇宫可以烧，只是请求大家在行动前听自己说几句话，成功引起了人们的好奇心，为接下来循序渐进地说服创造了条件。

(3)列宁发出连环提问，先从一些偏离主题的观点入手，问"宫殿以前是谁住的、谁建造的"，勾起对方回答的兴趣，让民众说出建造宫殿的人同样是民众自己；然后，适时反问，提出解决方案即寻求一致观点——不烧宫殿但是由人民代表入住；最终，成功说服大家，保住了克里姆林宫。

单元练习题

一、填空题

1. 把自己完美地介绍给他人，要根据_____、_____、_____参与的状况来进行。

2. 寒暄要_____而异，_____而异，_____而异。

3. 赞美能使双方产生情感上的_____，融洽人与人之间的_____，沟通人与人之间的_____，消除人与人之间的_____。

4. 批评，就是运用恰当的_____，指明对方的错误，并提供改善措施，以达到解决问题的目的。

5. 说服力由说服者的_____即"说服者是什么人"、劝告内容蕴含着的_____即"说什么"以及说服者的_____即"怎么说"三要素组成。

二、判断题

1. 寒暄正确的方式：见景生情，以身边的情景很自然地切入；如果对对方一无所知，也没有应景说话的机敏，时事和新闻是最为安全的话题；从对方感兴趣的方面入手。　　　　　　　　　　　　　　　　　　（　　）

2. 自我介绍的类型有展示型、受托型、询问型、幽默型。　　　（　　）

3. 赞美的基本原则是实事求是、真诚、适度。　　　　　　　（　　）

4. 批评的技巧有委婉暗示、对人不对事、先批评后赞美、控制情绪。（　　）

5. 说服的技巧是要充分举例，同时在气势上压倒对方，使对方服从；争取同情，以弱克强；投其所好，以心换心；寻求一致，以短补长。　（　　）

三、改错题

请仔细阅读材料，找出错误，并改正。

一病人到医院看病，在打吊针时为了能减轻点痛苦，于是就想和护士套近乎。

病人："请问您贵姓？"

护士："我姓荣。"

病人："啊，真是个好姓，挺好记的，就是容嬷嬷的荣嘛！"

病人："你的衣服真漂亮啊！"

护士："哪里，谢谢。"

病人："真有皇家气质，看上去就像安徒生童话里的皇帝的新装一样美丽。"

四、写作题

介绍可分为自我介绍和居间介绍两种，自我介绍时需要介绍自己的姓名、单位以及与正在进行的活动的关系；而居间介绍不仅要善于介绍自己，还要学会恰当地介绍他人。请根据给出的模拟情景，充分运用介绍的技巧，分别展开自我介绍和居间介绍。

模拟情景一：韩梅梅是一名应届毕业生，她今天要去参加某公司的面试，请你帮她设计一份得体的自我介绍。

模拟情景二：苏明是一家跨国贸易公司的翻译，这次他跟随总经理王宇前往英国合作方与其相关业务负责人尤拉讨论合作方案的拟订，双方人员均为初次见面，请以苏明的角度设计一场恰当的居间介绍，帮助王宇和尤拉认识。

第九章　演讲口才训练

　　演讲是一门科学，也是一门艺术。在众多的口语表达形式中，演讲是最高级和最有审美价值的一种口语语体。本章主要了解演讲的基础知识，掌握演讲语言的运用技巧，训练做命题演讲。理论与实践相结合，以提高演讲水平。

第一节　演 讲 概 述

一、演讲的含义

　　演讲是以口语表达的方式面对听众，就某一问题发表自己的观点，阐述某一事理的活动。演讲包括"演"和"讲"两个方面。"讲"指有声语言，它是演讲最基本、最主要的行为；"演"指态势语言即演讲者的姿态、动作、手势、表情等，它在演讲中起辅助作用。

二、演讲的特征

（一）自我性

　　自我性主要体现在演讲的内容上。讲话的内容可以是讲话者自己的思想成果，也可以是对他人讲话内容的转述。演讲的内容只能是自己的思想成果，必须反映自我、体现个性，把自己的见解明确地阐述给听众。

（二）艺术性

　　艺术性主要体现在演讲的形式上，是指演讲能给人以艺术美感，也就是说，演讲在形象、声音等方面的追求，能给人以艺术的享受。

（三）鼓动性

　　鼓动性是指运用口语激发人们起来行动的特性。演讲的目的是以情与理去感化、召唤听众，使他们起来行动。鼓动性以自我性、艺术性为基础，又反过来使它们更加突出。只有具备鼓动性的演讲才能感召人们付诸行动。

三、演讲的分类

（一）从演讲的内容上划分

1. 政治演讲

凡是为了一定的政治目的，政治动机或某个政治问题而发表的演讲均属此类。它包括外交演讲、军事演讲、政府工作报告、政治宣传等。

2. 生活演讲

生活演讲指演讲者就社会生活中存在的各种问题、风俗、现象而做的演讲，它表达了演讲者对这些问题的看法、见解和观点。这种演讲涵盖的内容更加广泛，如亲情友谊、悼词、贺词、迎送、答谢等。

3. 学术演讲

学术演讲指演讲者就某些系统、专门的知识而发表的演讲。一般指学校和其他场合的专题讲座、学术报告、学术发言、学术评论、科学讨论、科学报告或信息报告、学术论文的答辩等。它必须具有内容的科学性、论证的严密性和语言的准确性三大要素。这是与其他类型演讲的区别。如凤凰卫视的《世纪大讲堂》、中央电视台科技频道的《百家讲坛》中一些学者的演讲。

4. 法庭演讲

法庭演讲指公诉人、辩护代理人在法庭上所作的演讲，如律师的辩护演讲。法庭演讲的突出特征是向法性、公正性和针对性。

5. 宗教演讲

宗教演讲指的是一切与宗教仪式、宗教宣传有关的演讲。它主要包括布道演讲和一些宗教会议演讲。这种演讲在我国的影响不大，听演讲和作演讲的人都不多。

（二）从表达形式上划分

1. 命题演讲

命题演讲是根据指定的题目或限定的主题，事先做好充分准备的演讲，一般要提前写好讲稿并经过精心设计和反复演练。命题演讲包含两种形式：一是全命题演讲，一是半命题演讲。全命题演讲一般是由演讲的组织者确定一个固定的演讲题目；半命题演讲是演讲者根据演讲活动限定演讲范围，自己拟定具体题目而进行的演讲。命题演讲的特点是：主题鲜明、针对性强、内容稳定、结构完整。

2. 即兴演讲

即兴演讲是演讲者在事先无准备的情况下就眼前场面、情境、事物、人物临时起兴发表的演讲。如婚礼祝词、欢迎致辞、丧事悼念、聚会演讲等。它的特点是：有感而发、时境感强、篇幅短小。它要求演讲者紧扣主题，抓住由头，迅速组合，言简意赅。

当你在毫无准备的情况下被"点名"做即兴演讲时，要保持镇静，轻松面对。可以利用"此时此地"的技巧，谈谈活动的意义、听众的特征或现场的设置。如果前面一个人的演讲很有特色，可以先欣赏他的某个见解，并加以引申。即便一时不知从何说起，也可以通过自我解嘲来排解，切忌冷场或要性子。

第二节 演讲的语言

一、演讲的有声语言

有声语言是在演讲活动中传递信息、表达思想最主要的媒介，是演讲者思想感情的载体。有声语言的表达技巧：首先，要用普通话；其次，语音要正确、清楚；再次，声音要响亮、圆润，语速适中；最后，声音要有节奏，抑扬顿挫。好的有声语言能使听众受到德的熏陶、智的启迪、美的洗礼。演讲的有声语言除了要响亮圆润、清晰流畅之外，一般还有以下要求。

（1）口语化、简洁化。声音具有易逝性，往往一听而过，所以演讲的语言不能太书面，否则听众理解起来有困难。应尽量用加工提炼后的口语，让听众一听就明白。多用短句，少用长句，语言简洁明了。如以下书面语词的替换：旨在——目的是，上述——上面说的，是否——是不是，与会人员——参加会议的人，该——这个。

（2）多用双音节词，少用单音节词，富有节奏感。单音节词，因其声音过于短促，不易听清楚。音节舒缓、朗朗上口的双音节词，更容易让人一听了然。

例如，"现给大家介绍一个人，即小李子。"可改成"现在，给大家介绍一个人，就是小李子。"

（3）不要有口头禅。口头禅指的是经常在讲话中出现的没有实际意义的词语。口头禅的表达形式很多，如"是不是""对不对""这个""那个""嗯""啊""吧""啦"等。过多的口头禅，会破坏语言结构，使本来有机联结的话语断断续续，前后不连贯，削弱了表达效果。

二、演讲的无声语言

人们在演讲的过程中，可以借助身体姿态、手势动作、面部表情等无声语言来加强表达效果。这些姿态、动作和表情，称为态势语言。心理学与生物学的研究成果表明，人从视觉渠道获得的外部世界信息约占人所获得的所有外部世界信息的80%。人在交际时，听觉吸收有声语言信号，视觉吸收态势语言信号，两种信号协调作用于听觉和视觉，左右脑同时工作，就能更好地理解所接受的信息和情感。因此，我们必须充分发挥态势语言的特殊作用。

（一）服饰

演讲时的服饰既要大方得体，又要新颖独特。演讲时的服饰要注意以下两点。

（1）服饰要与演讲主题符合。演讲者要穿戴与自己身份、年龄、职业、身材相称的服饰，传递出谨慎大方、精明能干、诚实可靠的信息。演讲者的穿着与主题一致，能产生一种整体美感，气宇轩昂，先声夺人，一出场就让观众眼前一亮，有助于听众聚精会神地听讲。

（2）服饰要与体形、发型、脸形保持协调。服饰如果与体形、脸形不协调，会让听众的注意力集中到演讲者的外形，而不是演讲内容上。

（二）姿态

演讲者站姿规范如下：脊椎、后背挺直；两肩放松；挺胸，收腹，精神饱满；腿脚绷直，稳定重心。

具体而言，演讲站姿有以下几种。

（1）前进式：这种姿势是演讲者用得最多，使用最灵活的一种。右脚在前，左脚在后(可根据个人习惯安排前后)，前脚脚尖指向正前方或稍向外侧斜，若侧斜，两脚延长线的夹角成45度左右，脚跟距离在15 cm左右。这种姿势重心不固定，可以随着上身前倾与后移的变化而分别定在前脚跟与后脚上，不会因时间长身体无变化而影响美观。另外，前进式能使手势动作灵活多变，由于上身可前可后、可左可右，还可转动，这样能使双手做出不同的动作，表达出不同的感情。

(2) 稍息式：一脚自然站立，另一只脚向前迈出半步，两脚跟之间相距12 cm 左右，两脚之间形成 75 度夹角。运用这种姿势，形象比较单一，重心总是落在后脚上。一般适应于长时间站立演讲中的短期更换姿势，使身体在短时间里松弛，得到休息，一般不宜长时间单独使用，因为它易给人不严肃之感。

(3) 自然式：两脚自然分开，平行相距与肩同宽，约 20 cm 为宜，两脚分得太开不雅观，距离太小则显得拘束。

另外，立正式和丁字步也可适当运用。

(三) 手 势

演讲的手势贵简不贵繁，更贵在自然。

手势描摹的状貌、传递的意义、抒发的情感有许多是约定俗成的。

1. 手臂

手臂动作范围影响较大，容易引起对方的注意，其情感区域有三个：

(1) 上区(肩部以上)。手臂在这一区域活动，主要表达坚定的信念、殷切的希望、美好的憧憬等情感。

(2) 中区(肩部至腹部)。手臂在这一区域活动，主要表示叙述事物、说明事理。

(3) 下区(腹部以下)。手臂在这一区域活动，主要表示憎恶、鄙夷、不屑、厌烦等感情。

2. 手掌

手心向上，胳膊伸向上方，或斜前方表示大声疾呼，发出号召，憧憬未来；手心向上，胳膊居身体中区，表示叙述、说明、请求、欢迎、诚实；手掌手心向下，居身体的下区，胳膊微曲，或斜劈下去，表示神秘、压抑、反对、制止、鄙视、不愿意、不喜欢等；两手由合而分，表示空虚、失望、分散、消极；两手由分而合，表示团结、亲密、联合、会面、接洽；单手掌劈、砍、点、顶，表示决心、果断，否定等。

3. 握拳

在身体上区握紧拳头，表示誓死捍卫、决心、团结、奋斗；在身体中区握紧拳头，表示怒火燃烧而又强忍或警告、威胁的意思。

（四）目光

演讲时目光一般平视和前视，适当环视，以照顾全场的观众。当有稿演讲时，要适当抬头作目光交流。

当某处观众出现不良反应时，可用点视——针对特别人群。虚视也是常用方法之一，紧张或是人多时，放眼望过去，让观众都感觉你在看着他，其实你"目中无人，心中有人"。

（五）表情

演讲者的一颦一笑都应随演讲内容而定。一般情况下，用微笑传递演讲者的真诚。忌冷若冰霜、神情慌张、莫名其妙等。

（六）上台

当主持人报幕时，演讲者就应该准备好站在过道上，当主持人报完名字后，演讲者要点头示意，以比正常走路速度稍快的步伐走到台上，选择最适当的位置站定，与观众目光交流。演讲开始之前一般要先行鞠躬礼，45°为宜，为表尊重，亦可行90°的鞠躬礼，时间大概2秒钟。鞠完躬后不要急着开始演讲，还要再面带微笑用眼神与听众交流，这样一来，即便还未开口，也一切尽在不言中了。

（七）下台

比较正式的下台方法为：当说完"我的演讲完毕，谢谢大家"之后，退后一步，鞠躬，与观众再作一次目光交流，如上台的走姿一样，充满自信，平稳自然地退场。

有的演讲者以为讲完就没事了，然后长出一口气，转身便跑下台去了；有的人边走还边吐舌头，抓耳挠腮；有的人更是急不可耐地向朋友打手势。这些都应彻底避免。只有从观众眼中消失时，演讲才算结束。千万不要因最后时刻的一时不慎而功亏一篑。

📖 实例实践

一、态势语训练

1. 站立不语训练。要求受训者体态大方，步伐有力，走上讲台，面对听众，保持良好的站姿一分钟，但不讲话。该练习是训练受训者在众人面前站立的胆量和自控能力，一次不行可以多试几次。

2. 微笑训练。在站立不语的基础上，面带微笑，面对听众，并保持半分钟。这项练习要求有良好的听众环境，通过练习锻炼受训者主动运用态势语的意识和能力。

3. 任选几位同学来演示：

走步—登台—站定—扫视—开讲(几句)—下台

再请几位同学分别来评点。

评点内容：

(1) 服装：整洁大方、适合自己(年龄、形体、肤色)、适合演讲内容。

(2) 姿态：自信从容、大方自然、挺胸抬头、目光致意、精神抖擞。

(3) 礼仪：上台鞠躬、下台致谢。

【提示】

上台站定后不着急开口说话，站定几秒，和听众用目光交流后再开始讲话。以鞠躬开始，以鞠躬结束。

二、演讲训练

请选择一篇适合自己的演讲稿，并在班级进行脱稿演讲。

评分标准：

A. 演讲内容：40分。要求演讲内容紧扣主题，主题鲜明深刻，格调积极向上，语言自然流畅，富有真情实感。

B. 语言表达：30分。要求脱稿演讲，声音洪亮，口齿清晰，普通话标准，语速适当，表达流畅，激情昂扬。讲究演讲技巧，动作恰当。

C. 形象风度：20分。要求衣着整洁，仪态端庄大方，举止自然、得体，体现朝气蓬勃的精神风貌；上下场致意，答谢。

D. 综合印象：10分。由评委根据演讲选手的临场表现做出综合演讲素质的评价。

三、分享演讲技巧和心得

1. 请大家根据自己演讲后的经历，谈谈演讲前后的不同感觉。

2. 同学们演讲时，哪些内容是大家爱听的？

3. 总结自己演讲的经验教训，谈谈哪些事项值得注意。

 面试口才训练

面试是求职活动必经的重要环节，良好的口才对求职者来说至关重要。对求职者来说，怎样训练口才，把握成功机会呢？有经验的职场人提醒求职者，做好面试口才训练应注意礼仪与技巧两个方面。本章的主要目的是帮助学生了解面试的基本过程，掌握求职面试的口才技巧，更好地展示自己的才华。

刚走出校门的大学生要找到一份称心如意的工作，绝非易事。在四处求职的时候，懂得推销自己是一种才华、一种艺术。学会用语言推销自己，才能在竞争激烈的人才争夺战中谋得合适的位置。

第一节　面试口才概述

一、什么是面试口才

面试口才指面试过程中运用说话的才能实现有效的社会沟通目的的才能。面试口才体现了面试者的语言表达技巧和语言艺术水平。

大学生由于缺乏社会经验，在面试过程中会出现许多波折。因此，面试过程中的语言运用是考验大学生素质的第一个关口，相对来说也是特别重要的一环。

二、面试口才的作用

面试口才的作用如下：

（一）推销自己的有效手段

面试是毕业生和用人单位互相了解的过程。毕业生要找到适合自己的岗

位，用人单位要找到适合空缺岗位的毕业生，面试口才起着关键性作用。随着就业竞争压力的增大，毕业生的"皇帝的女儿不愁嫁"的时代已一去不复返了，就业已成为社会的焦点和热点。在就业市场上凭自己的实力公平竞争的天地越来越宽广，口才逐渐成为体现毕业生实力的重要标志。不少笔试成绩优异却口才平平者，面试成了他们走向希望征程的"滑铁卢之役"，而那些能言善辩者则能相对顺利地就业。

（二）竞争上岗的有力武器

应聘的背后，潜藏的是智慧的较量、口才的较量。在竞争激烈的人才市场上，占优势的不再是默默无闻、任劳任怨者，而是伶牙俐齿的能说会道者。好口才有化干戈为玉帛，甚至是呼风唤雨的神奇力量，使个人在工作和生活中备受青睐。所以，现代社会很多工作岗位、管理岗位的竞争其实就是口才的竞争。因此，如何运用口才这一"利器"在万马奔腾的职场上"一马当先"，是每个胸怀壮志的应聘者必须考虑的问题。

三、衡量面试口才的标准

衡量面试口才的标准如下：
(1) 言之有理，不胡说八道，不搞歪理邪说。
(2) 言之有物，不杂乱无章，空洞无物。
(3) 言之有序，有条有理。
(4) 言之有文，形象生动。

四、良好的面试口才应具备的要素

良好的面试口才应具备的要素如下：

（一）了解单位及职位背景

了解单位所处行业的整体情况、单位的组织结构，以及单位的人事情况，这些足以显示应聘者对该企业的兴趣和向往。

（二）必备条件

有些行业、职业在学历、能力、年龄、性别等方面都有一定的限制。事先考查自己的条件是否符合，不要有碰运气的念头，这是对己、对人认真负责的态度，于己于人都有利。

（三）知识技能准备

若接到面试通知，所谋求的工作需要某种特殊的知识或技能，则面试时可能会被问到某一方面的问题或被要求当场测验，如打字的速度，操作机器的能力，用算盘计算的准确性和速度等。遇到这种情形，最好事先温习这方面的知识，练习相关的技能。

（四）足够的简历备份

集体面试的时候，多带几份简历前往，因为细节决定成败，预先准备好会显得做事正规、细致，给用人单位留下良好印象。

（五）时间准备

对面试的场所和时间一定要了然于胸，并在约定时间的 10～15 分钟前到达，切不可迟到。

（六）心理准备

要有良好的心理素质，树立信心并正确对待成败。只要对自己有信心，成功求职并不困难。主动留下面试方的电话，如果面试失败，打电话询问自己失败的原因，及时总结自己的问题，然后加以改正。

第二节　面试口才技巧

面试是口才的竞技场，面试口才是一种技巧，是一门艺术，更是一场战争。面试中的语言技巧直接反映了应聘者的知识和修养。良好的语言表达技巧会推动面试的顺利进行，使面试取得良好的结果。

一、获得良好的第一印象

一般情况下，许多招聘者在见到应聘者两三分钟后就已决定取舍了。由此看来，给招聘者的第一印象是最重要的。良好的第一印象的获得应做到以下几点。

（一）树立岗位意识和自信心

分析自己能否胜任此项工作，得到肯定答案后就要树立"此岗位因我而设"的意识，树立自信心，这是成功的前提。面试时，应聘者必须有一种自信的姿态，因为应聘者本身就是一件产品，对自己充满信心，努力地自我推荐，宣传自己，才能符合招聘者的心意。

（二）展现良好的姿态

应聘者应热情、诚恳、精神饱满，赢得招聘者的好感。热情是一种使人充满活力的精神，它能使人成为极富吸引力的、令人信服的人。它的外在表现形式是讲话时面带微笑，声音洪亮。如见面后，应聘者面带微笑、声音洪亮、仪态端庄，充满自信地说一声"您好，我是李强，我应聘销售员一职"，定会使招聘者眼前一亮，"嗯，此人不错"的印象就会印入脑际。

（三）简洁得体的自我介绍

自我介绍要求做到神态自若、充满自信、目视对方、口齿清晰、声音洪亮、语言简洁、有逻辑性，语词连贯。

（四）真诚礼貌，注意礼节

记住对方的姓名，称呼时读音要准确，因为它体现的是对人的尊重。注意面试礼节。礼节体现在所做的每一件事上，"一举手，一投足"均见素质。前去应聘，步入面试场所之前，要关掉手机；路上遇到倾倒的拖把要主动扶起来，丢弃的纸屑等要把它捡起来。

二、面试的语言技巧

（一）自我介绍

人们常说"世上千里马常有，而伯乐不常有"。事实上，世上常有千里马，同样也常有伯乐。因为真正的伯乐就是自己，要靠自己推销自己。求职能不能成功，很大程度上取决于应聘者是否具有求职方面的自我介绍口才。

1. 语言简洁，条理清晰，富有逻辑性

自我介绍应包括两部分内容。一是自然状况介绍，如毕业学校、专业、年龄、职务、职称等。二是学识、才能的介绍，它要求有例证材料作支撑。如"我能做好营销经理工作，我大学学的是营销管理，曾经在王府井鞋城做过三年的店长"。若没有支撑材料，应聘者的介绍就显得苍白无力，缺乏可信度了。自我介绍要坦诚，如不坦诚，会为日后工作留下隐患。

2. 以面试的测评为导向

聪明的应聘者会结合招聘者的要求与测试重点组织自我介绍的内容，不仅告诉招聘者自我的优秀，更告诉对方，自己非常适合这个工作岗位，符合公司的用人标准。

3. 掌握分寸，恰到好处

(1) 控制时间。自我介绍力求简洁，尽可能地节省时间，通常半分钟左右，如无特殊情况最好不要长于一分钟。为提高效率，在作自我介绍的同时，可利用名片、介绍信等资料加以辅助。

(2) 讲究态度。语气自然，态度亲切、随和，整体上落落大方，笑容可掬。敢于正视对方的眼睛，显得胸有成竹，从容不迫。

(3) 实事求是。自我介绍的各项内容一定要真实可信。过分谦虚，一味贬低自己去讨好别人，或者自吹自擂，夸大其词，都是不可取的。

(二) 问答的分寸

在面试时，如果说得太少，就不能被充分地了解，减少了被任用的机会；说得太多，又会言多必失，导致面试失败。所以应聘者要认真考虑，而后作答。例如，问"可以谈谈你的志向吗？"时，愚蠢而糟糕的回答是："我没什么志向。"或"五年后，我希望自己坐到你的位置上。"较好的回答应是这样，"我要不断提高业务能力，在这个岗位上干两三年后，如果时机成熟，我愿意做一名中层干部，而后成为公司的管理者。"

(三) 巧妙应答

1. 充分准备，机智老练

事先准备一些常见问题的答案。例如，"你为什么放弃目前的工作？"回答"想挣更多的钱""我从事的是无出路的工作"或"我厌烦他们管理的方法"

都不是明智的回答，而"我不想离开我的工作，在这种环境中工作我很高兴，并且干得很好。但我认识到，我需要新的机会来使自己有所发展，而你们的招聘提供了这样的机会。"由于事先有所准备，快速、简洁的回答会使招聘方耳目一新。

2. 正面回答，巧妙应对

应聘者被问到自己的某些特殊经历时，不应闪烁其词，而应该用合乎情理的语言来回答。例如，"为什么你的学分那么低？"可以这样如实回答，"在校学习的关键时期，我的家庭经济拮据，父母无力支付我的全额学习费用，但我又不愿放弃学业，便将全部业余时间都用在打工上了。现在我已经走过了那段艰难的岁月，它留给我不断进取的信心。打工也使我的交际能力和实践能力有所提高。"诚恳而机智的回答，化解了招聘者的疑虑，也增加了对应聘者的好感——独立，有工作经验。

（四）注意事项

面试时的注意事项如下：

(1) 事例贫乏。事实胜于雄辩。如面试时大谈个人成就、特长、技能，会被面试官反问"能举一两个例子吗？"，若应聘者无言应对，面试效果就会大打折扣。

(2) 缺乏积极态度。工作观念正确、有活力、积极乐观，凡事能正面思考的人，总是深受企业青睐。应聘者在面试一开始就抱怨社会太乱、工作太压抑，数落前任老板的不是或是制度的不合理，会给招聘者留下不好的印象。

(3) 个人职业发展计划模糊。对个人职业发展计划，很多人只有目标，没有思路。如问及"你未来5年事业发展计划如何"时，很多人都会回答说"我希望5年之内做到全国销售总监一职"。如果招聘者接着问"为什么"时，应聘者常常会无法回答。其实，任何一个具体的职业发展目标都离不开对个人目前技能的评估以及为胜任职业目标所拟订的技能发展计划。

(4) 主动打探薪酬福利。有些应聘者会在面试快要结束时向招聘者打听该职位的薪酬福利等情况，具备人力资源专业素养的招聘者是忌讳这种行为的。其实，如果招聘者对某一位应聘者感兴趣的话，自然会谈及薪酬情况。

拓展阅读

求 职 案 例 一

苗立各方面条件都很不错，但在一次求职面试中，他却失败了。为什么呢？

原因即在于他的自我介绍语言空泛，言之无物。他是这样说的："我读大学时，是班级团支部书记，组织能力强，交际广泛，有好奇心，协调能力强，善社交，朋友多，有韧性。"

苗立的自我介绍到底犯了什么错误？"协调性强""善社交"之类的抽象词，本是听了自我介绍的面试考官记录对应聘者的印象的词汇，做自我介绍的应试者本人不应该说。参加面试就是为了推销自己，虽然极力宣传推销自己的心情可以理解，但是应聘者自称组织能力强，协调能力强，善社交，有韧性，面试考官会轻易地相信吗？求职面试的自我介绍，一定要用客观、实际的语言来评价自己，不要用那些很抽象的词语。面试考官们往往只相信那些可以量化的成绩，而不会对求职者自我介绍中的什么"组织能力强"之类的词语感兴趣的。倘若你在"组织能力强"后面加上一句"曾经协调组织了××年学院元旦晚会，并取得了成功"，可能效果就不一样了。

求 职 案 例 二

某电视台招聘记者，小郑前去应聘。面试中，面试考官指出："你说你爱好写作，可是我看了你填的报考表，在'自我评价'栏中居然出现了三处语法错误，现在既没有多余的表格，也不准涂改，你怎么办？"小郑听罢吃了一惊，心想填表时自己是字斟句酌的，怎么会有三处错误呢？但时间不允许他多想。他当机立断，回答说："为了弥补失误，我可以在表后附一张更正说明，上面写上：'某某地方出现了三处语法错误，实属填表人的粗心，特此更正，并向各位致歉。'不过……"他停顿一下说："在发出这份更正说明之前，我想知道是哪些错误，因为不能无的放矢，错误地发出一份更正说明，我不愿意再犯这种错误。"

他的机智应对令面试考官们笑了。其实他的报考表并没有错误，这不过是面试考官设的一个圈套，用以考察他的自信心和反应能力。从表达角度看，他的得分主要在于后半部分的补充说明。这一段内容的表达十分完满，印证了他机敏全面、认真仔细、一丝不苟的品格，赢得了面试考官们的好评。

单元练习题

一、判断题

1. 体态语言指在一定程度上能辅导有声语言表达思想感情的眼神、表情、体态、手势等。　　　　　　　　　　　　　　　　　　　　　（　　）

2. 美国著名心理学家马斯洛认为人的基本需要按其重要性和发生的顺序可以分为五个等级。　　　　　　　　　　　　　　　　　　　　（　　）

3. 口语与书面语之间有较明显的差距，书面语言是最后被理解而口语则需要立即被听懂。　　　　　　　　　　　　　　　　　　　　　（　　）

4. 在口语表达中，停顿只是面试者在生理上正常换气的需要。　（　　）

5. 面试中应该说一下前任老板的不是或制度的不合理，这会给招聘者留下好印象。　　　　　　　　　　　　　　　　　　　　　　　　（　　）

二、分析以下面试中的自我介绍是否恰当

1. 客气话就在这里省略了，我的详细信息在简历上都有，我就不赘述耽误各位面试老师的时间了，我觉得我最大的优势就是在不同的地方不同的行业呆过，做过银行职员、大学教师，自己也创业过，同时有经济学和法学的双重教育背景，这些经历给了我很多，尤其是锻炼了我的适应能力、学习能力、分析和解决问题的能力。这些经历是我一生的宝贵财富。

2. 公司的培训机会很多，我想来好好学习。

3. 只要公司需要，我什么都能干。

4. 应聘成功后我能拿到多少钱？某家公司是不是你们的分支机构？

5. 如果面试成功，我希望能够和一位领导能力强，能充分理解我的内心想法，能让我自我发挥个人才华的领导共事。

三、口才训练题

1. 新一届师生要来学校，不了解学校情况，你作为学生干部接他们来并给他们介绍学院情况（1～3 分钟）。

2. 移动公司面试，要求你来一段个性自我展现，以便让他们知道你有什么良好的性格特点和才能是可以为公司所取的。（1～3 分钟）。

3. 很多同学有这样的想法，自己在高中都没有好好读书考上好的大学，现在来到包××学院才认证，完全没有必要，你作为辅导员该如何纠正其错误思想。(1～3 分钟)。

四、案例分析题

对下面的面试情形作简要分析。

案例一：

约翰找到一家银行，希望担任出纳员工作。他身着一套绿色的西服，看上去像是娱乐场的职员。见面后这家银行经理却说："不必来拜访我们，我们会通知你的。"为什么？

案例二：

在面试临近结束的时候，商店老板表示对事情的发展很满意，并将于今后几天内与雷德再见。"难道现在你不能告诉我能否得到这份工作吗？因为过几天我就要外出旅游了。""噢？你不是告诉我，一得到通知就马上工作吗？""你最好别指望我坐下来等你的电话。""好吧，那我只能说，如果我们需要你就会与你联系的。"结果这位老板始终未给雷德打电话。为什么？

案例三：

面试者小张在等待面试。

考官说："下一位。"

小张说："到！"(声音微弱，有点胆怯)

他走进办公室，略显慌张。进门后见考官坐了一大排，一时不知说什么好。见房中间有一把椅子，就自动坐下了。

主考官见状，说："你是张××同学吧，请你作一下自我介绍。"

小张说："我是××学院中文专业的学生，我的兴趣比较广泛，音乐、美术我都比较喜欢。上大学时担任班长，还担任英语会话小组长。我的爱好是旅行，用打工挣来的钱分别去了广州、海南。特别是在海南期间，我进行了一系列的社会实践，为以后的工作做好了充分的准备。"

主考官又问："你有什么专长，对以后的工作有何帮助？"

小张说："不知道这算不算专长，我对初次见面的人一点也不眼生，马上就能很好地合作。并不是有意要这样做，而是自然性格，反而有时当有意要做时，却做不成。"

主考官："张××同学，咱们先谈到这吧。"

小张起身离开面试的办公室。

案例四：

招聘者：请你作一下自我介绍。

应聘者：我叫王明，出生在××省××市，我家住在离学校三里远的地方，每天往返学校要走六里路，起初需走 50 分钟，现在只需 40 分钟。走着走着，我连途中稍微有些坡的地方也注意到了，并且相应地调整了走路姿势。为此我想，走入社会以后，要做一个能观察到社会微妙变化的敏锐的人。

参 考 文 献

[1] 严爱慈. 新编应用文写作[M]. 北京：中国传媒大学出版社，2012.

[2] 章年卿，魏佐国，等. 应用文写作概论[M]. 北京：教育科学出版社，2011.

[3] 张文英. 新编应用文写作教程[M]. 天津：南开大学出版社，2010.

[4] 姚雅丽，李中会，等. 应用文写作[M]. 北京：北京师范大学出版社，2007.

[5] 马新国. 新编应用文写作[M]. 北京：首都师范大学出版社，2011.

[6] 徐艳. 应用文写作[M]. 北京：北京理工大学出版社，2007.

[7] 耿云巧，马俊霞，等. 现代应用文写作[M]. 北京：清华大学出版社，2007.

[8] 孙宝权. 新编应用文写作[M]. 北京：清华大学出版社，2009.

[9] 万国邦，戴五焕，等. 应用文写作实训教程[M]. 武汉：武汉大学出版社，2009.

[10] 黄树红. 应用写作与口才训练[M]. 北京：北京交通大学出版社，2010.

[11] 唐树芝. 口才与演讲[M]. 北京：高等教育出版社，2008.

[12] 阮朝辉. 口才礼仪文化[M]. 成都：西南交通大学出版社，2009.

[13] 刘维娅. 口才与演讲教程[M]. 武汉：华中师范大学出版社，2007.

[14] 包镭. 演讲与口才技能实训教程[M]. 北京：北京大学出版社，2007.